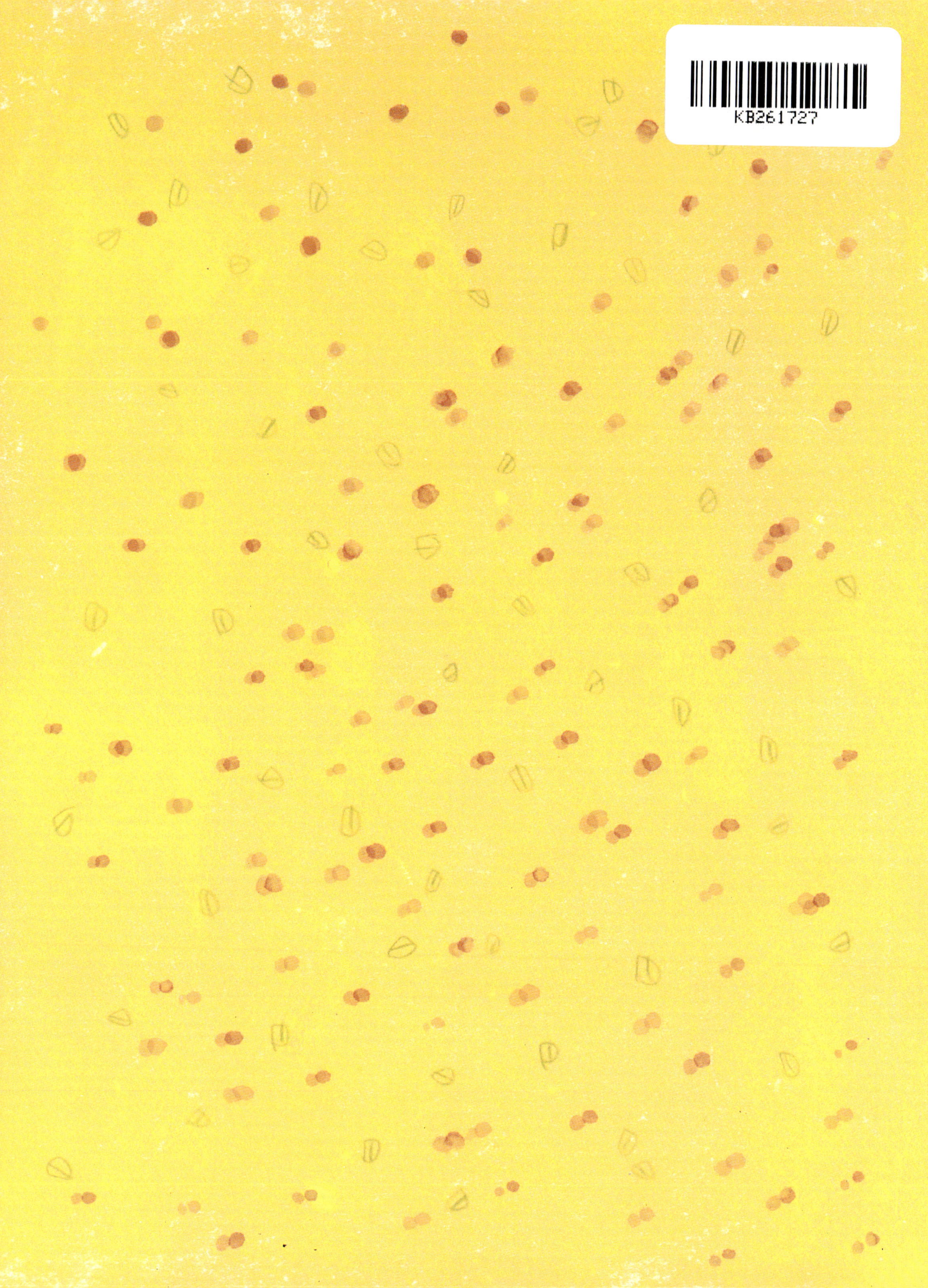

Journal Writing

김경하 지음

사람in
saram
in.com

Journal Writing

저자 | 김경하
검수 | Jose Encinas, Jason Park
초판 1쇄 인쇄 | 2013년 1월 7일
초판 1쇄 발행 | 2013년 1월 14일
발행인 | 박효상
편집 | 모희진, 박운희
디자인 | 손정수, 윤영선
영업 | 이종선, 이태호, 이전희
삽화 | 요요그림, 허준경(샘플 저널)
조판 | 이정임

출판등록 제 10-1835호
발행처 | 사람in
주소 | 121-839 서울시 마포구 서교동 378-16 4F
전화 | 02) 338-3555(代)
팩스 | 02) 338-3545
e-mail | saramin@netsgo.com
Hompage | www.saramin.com
※ 책값은 뒤표지에 있습니다.
※ 파본은 바꾸어 드립니다.
ⓒ 김경하 2013
ISBN 978-89-6049-338-4 978-89-6049-297-4 68740(set)

머리말

안녕하세요. *Writing T*^{Kids} 시리즈를 기획하고 집필한 김경하입니다. 영어 교육을 전공한 교육전문가, 현장에서 아이들을 가르친 선생님, 그리고 초등학생 아이를 둔 엄마의 입장에서 좋은 영어 교재를 만드는 것은 저의 가장 큰 꿈입니다. 교육 현장에서의 경험과 연구 과정에서 쌓은 지식, 또 그간 많은 영어 교재를 만들며 쌓아온 노하우를 모아 오랫동안 정성스럽게 준비한 작문 시리즈를 소개하는 바입니다.

우리나라처럼 영어를 외국어로 배우는 환경(EFL)에서 작문을 잘 하는 것은 매우 중요합니다. 입시나 취업, 유학 등에서 의미를 가지는 것은 물론, 영어 학습을 이끌어가는 효과적인 역할을 하기 때문입니다.
첫째, 어릴 때부터 차근차근 글쓰기를 배우게 되면 실수에 대한 두려움 없이 내용에 집중하여 글을 쓸 수 있게 됩니다.
둘째, 일상생활에서 영어를 사용할 기회가 적은 아이들에게 즐거운 글쓰기는 영어를 꾸준히 사용할 수 있는 기회가 됩니다.
셋째, 작문을 위해 익히는 어휘와 문장구조를 통해 영어의 기초를 쌓아가게 됩니다.
넷째, 무엇보다 논리적으로 말을 할 수 있는 기본기를 쌓게 되는 효과가 있습니다.

한두 권의 좋은 작문 교재는 많지만 *Writing T*^{Kids}처럼 단어부터 차근차근 학습하여 저널 쓰기까지 스스로 성장하는 것을 느낄 수 있는 프로그램은 흔치 않습니다. 단계적으로 교재를 따라가는 것만으로 필요한 어휘와 표현을 모두 익히고, 아이들의 눈높이에 딱 맞는 즐거운 주제로 글을 쓰다 보면 실수에 대한 두려움, 혹은 어떻게 표현해야 할지 모르는 막막함은 더 이상 경험할 필요가 없습니다. 아이들이 스스로 생각하고 써 가면서 즐거움을 느낄 수 있도록 부모님들께서는 오직 응원만 해주시면 됩니다.

김경하

Hi, my name is Brock Brady. I am finishing my 3-year term President of the TESOL International Association, the largest English teacher association in the world. Currently, I am employed by the U.S Peace Corps as their Education Programming and Training Expert. Prior to coming to Peace Corps, I was a Professor and Co Director for the TESOL teacher education program at American University in Washington, DC for 12 years, and I have been a Lecturer in English at POSTECH. My entire career has focus on curriculum design and I can wholeheartedly recommend the *Writing T^Kids* Series as a program for Korean children (and their mothers!) who want to become successful English users.

The *Writing T^Kids* is a whole word, integrated skill program. While its focus is on writing(the most demanding skill for a foreign language learner to acquire), it builds writing skills through an integrated process that develops vocabulary, listening, speaking, and reading to support and enhance the writing process with rich, engaging activities.

One benefit of the *Writing T^Kids* is that it is a comprehensive 5 book series. Words and structures introduced in the first book become the foundation for activities in the second book and so on, so that by the time the student arrives at Book 5, the English words and structures they will use will be "old friends" that support fluent, effective writing.

Korean mothers who are committed to their children learning music, dance or sports know that mastery is not a matter of a day or months, but many years. The same is true for fluent, proficient English. Mothers know that unless their children are excited by their study and care about what they are learning, even with much practice, success is not certain. The *Writing T^Kids* series makes learning fun, practice enjoyable, and through its carefully recycling of elements learned earlier creates a sense of progress. With this approach, children will not just learn English, they will thrive in English.

안녕하세요, Brock Brady입니다. 저는 세계 최대의 영어 교사 모임인 국제 테솔(TESOL) 학회 회장으로 이제 3년의 임기를 마쳐가고 있습니다. 현재, 미합중국 평화봉사단(Peace Corps)에서 교육과 연수 분야 전문가로 활동하고 있으며, 그 이전에는 워싱턴 D.C.의 아메리칸 대학교(American University)에서 테솔 프로그램 교수와 공동 학과장으로 12년간 재직했습니다. 한국의 포항공대에서 영어를 가르친 경험도 있습니다. 저는 교육 분야에 종사하는 내내 좋은 커리큘럼을 만드는 것에 가장 큰 비중을 두어왔기 때문에, 성공적인 영어 사용자가 되기를 희망하는 한국의 어린이들과 어머니들께 온 마음으로 *Writing T^Kids* 시리즈를 추천하는 바입니다.

Writing T^Kids 시리즈는 단어 및 언어의 여러 영역이 유기적으로 통합된 프로그램입니다. 외국어를 배우는 사람들에게 가장 필수적인 작문 활동에 중점을 두고 있으면서도 어휘와 듣기, 말하기, 읽기 등을 아우르는 통합적인 접근을 통해 풍부하고 흥미로운 학습 활동을 제시함으로써 작문 실력을 향상시켜 줍니다.

*Writing T^Kids*의 또 한 가지 장점은 다섯 권으로 구성된 종합적인 시리즈라는 점입니다. 1권에 소개되는 단어와 문장 구조가 2권에서 하는 활동의 바탕이 되고 그러한 연관성이 다음 권으로 계속해서 이어지기 때문에, 학습자가 제 5권에 이를 때쯤에는 학습자들이 사용하게 될 단어와 문장구조들이 유창하고 효과적인 작문을 도와주는 '오랜 친구'가 될 것입니다.

자녀들에게 음악이나 무용, 스포츠를 배우게 해본 한국의 어머니들이라면 그 어느 분야도 며칠 또는 몇 달 만에 숙달되는 것이 아니라 수년의 노력이 필요하다는 것을 아실 것입니다. 유창하고 능숙하게 영어를 구사하는 것도 마찬가지입니다. 아이들이 즐겁게 공부하고 배우는 대상에 애정을 갖지 않는다면, 아무리 많은 훈련을 한다고 해도 성공을 확신할 수 없다는 것도 아실 것입니다. *Writing T^Kids* 시리즈는 아이들의 영어 학습을 재미있게 해주고 훈련 과정을 즐겁게 만들어줄 것이며, 앞서 학습한 내용들이 유기적으로 재사용되는 구조를 통해 실력이 늘고 있다는 성취감을 줄 것입니다. 이러한 접근들을 통해서, 아이들은 단순히 영어를 배우는 것이 아니라 영어와 함께 성공을 경험하게 될 것입니다.

Journal Writing Table of contents

Chapter 1 My Day

On Rainy Days

On rainy days, what do you do? How do you feel? Look at the pictures below. Think of your own experience!

On Rainy Days

On rainy days, I wear a raincoat. My coat is yellow, black, and white. I got it from my friend. I like puddles because I can splash my mom and dad.

Brain Storming: Plan your own journal

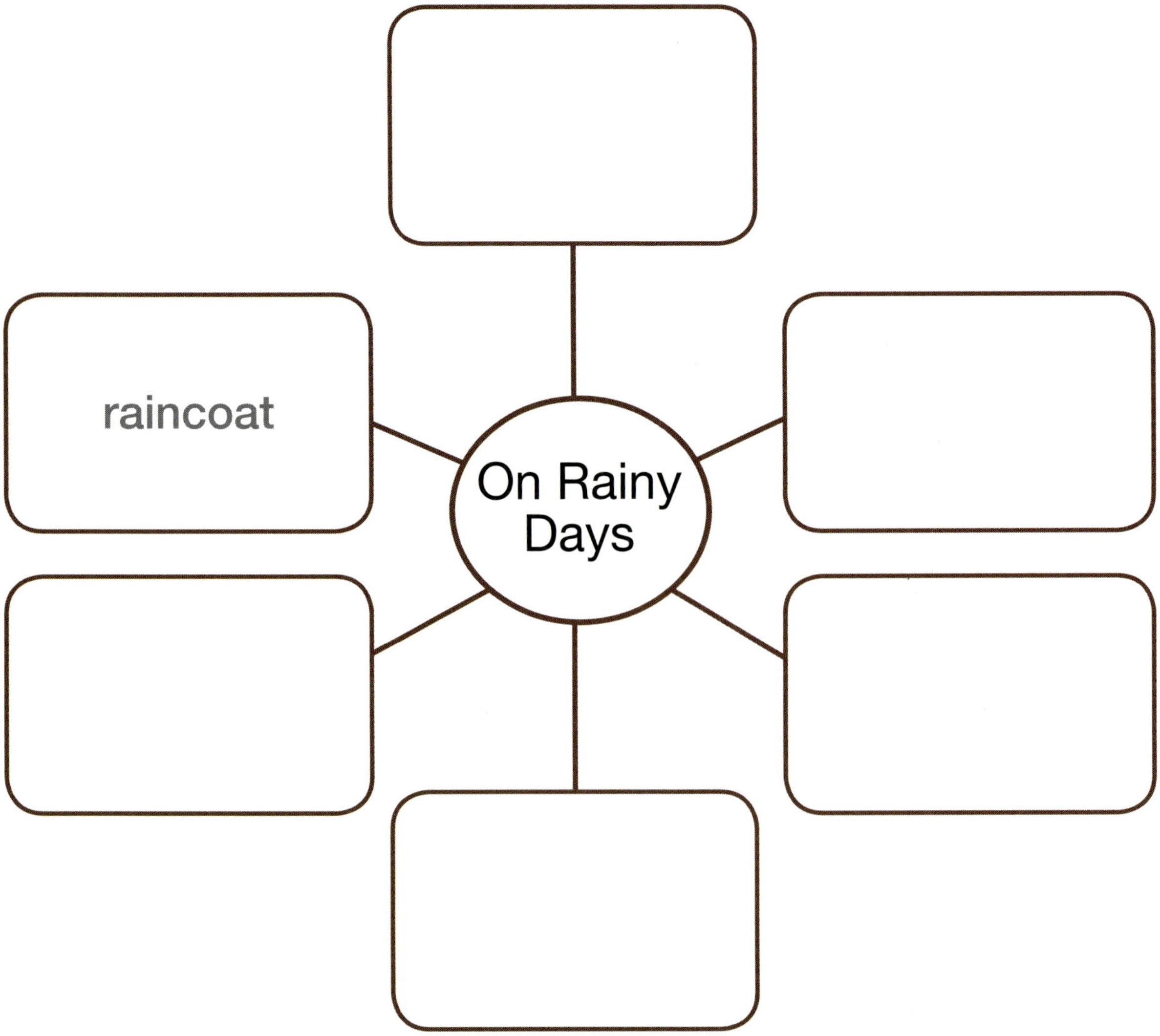
On Rainy Days
raincoat

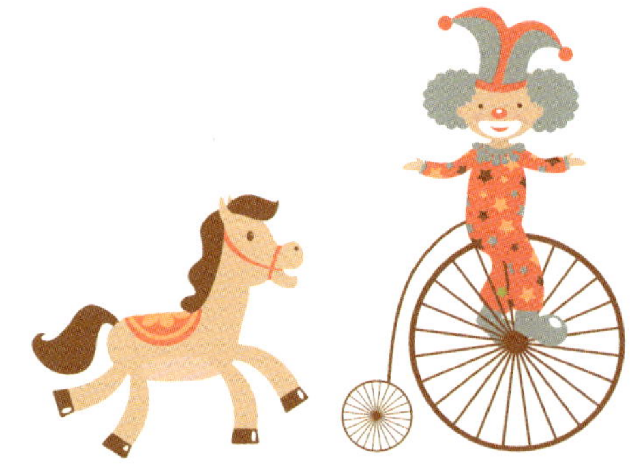

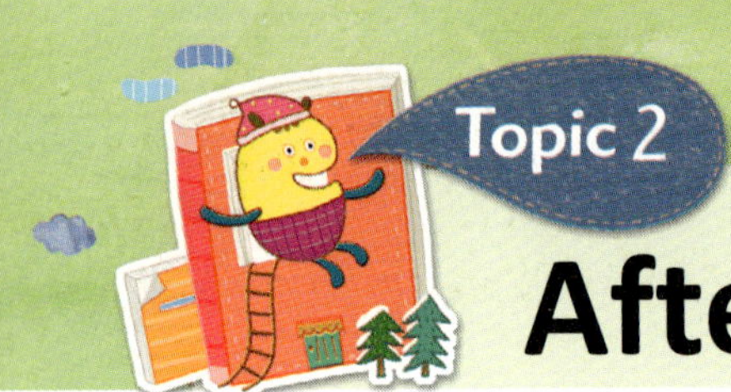

After School

What do you do after school? Look at the pictures below. Tell us about your fun activities.

Word Bank

After School

On Mondays and Fridays, I go to swimming lessons. On Tuesdays and Thursdays, I go to English classes. English classes are fun. But swimming lessons are more fun.

Brain Storming: Plan your own journal

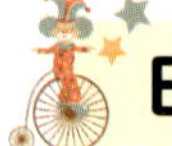

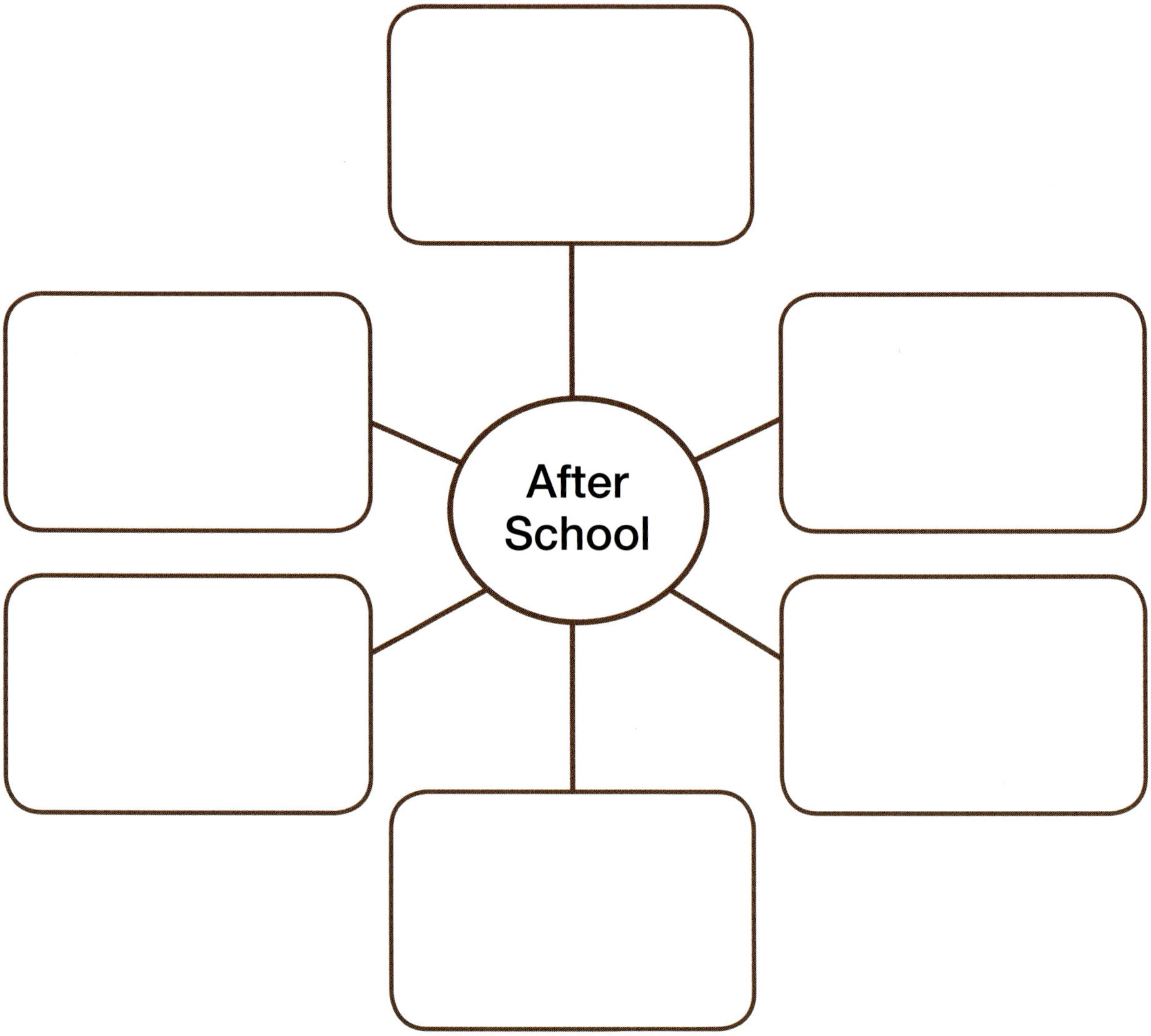

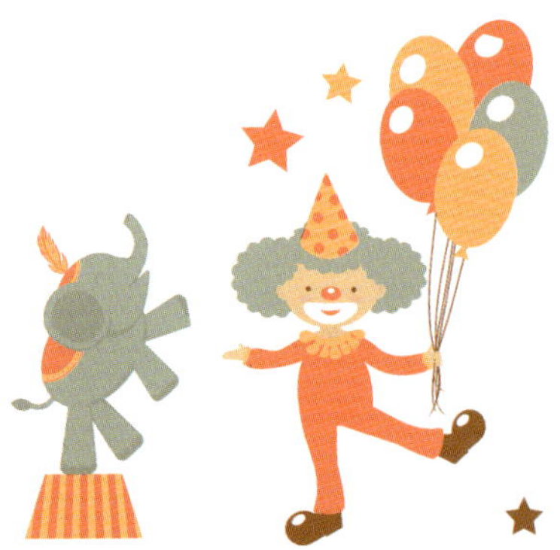

My Pet

Do you have a pet? What is it? If you don't have a pet, tell us about your favorite pet.

Word Bank

My Pet

I have pet turtles. They are Red Belly Turtles. One is small. The other one is big. The big one eats a lot. The small one eats a little. I like to play with them.

My Pet

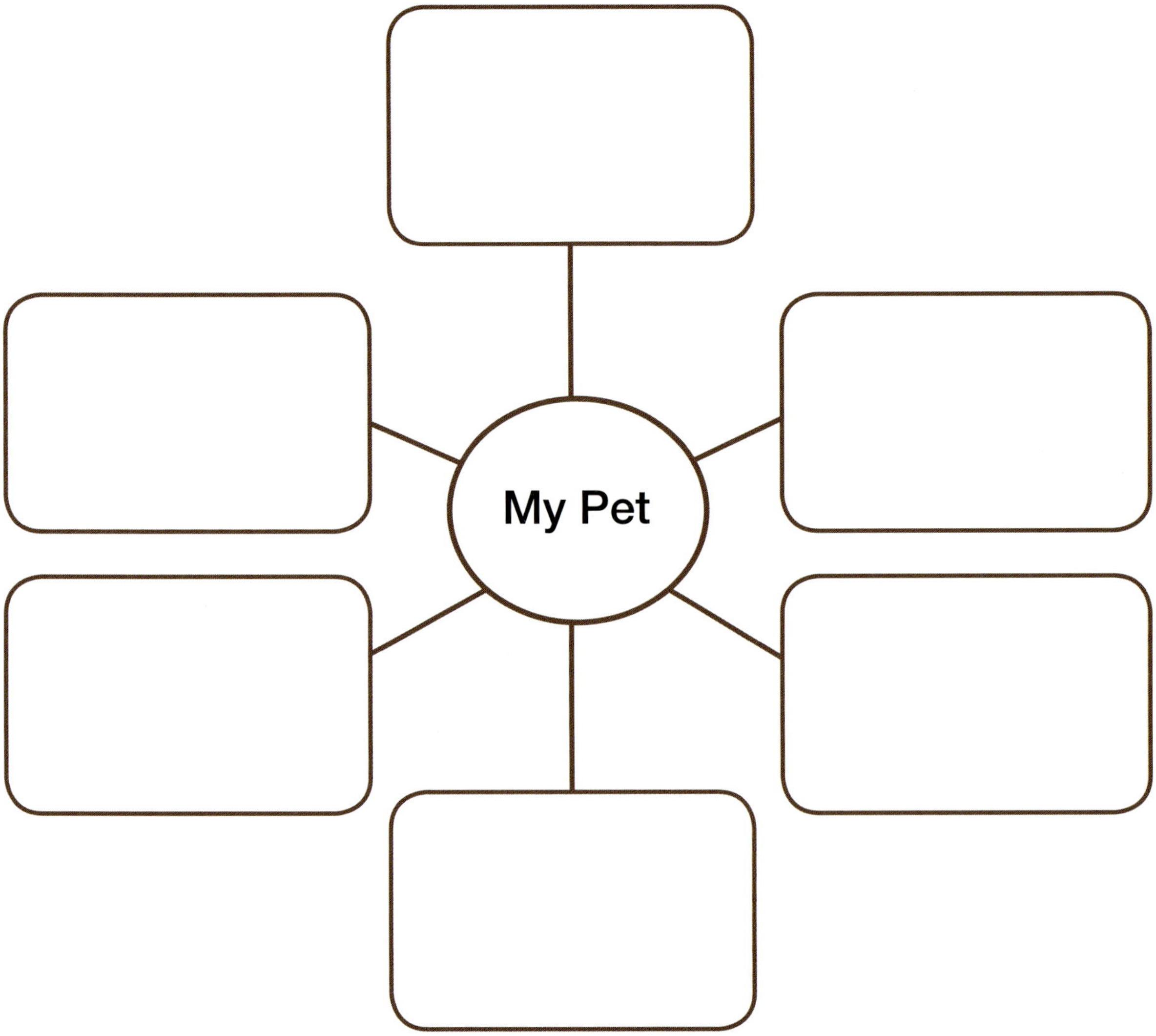

I Cried

Do you cry often? When have you cried? What made you cry?

 Word Bank

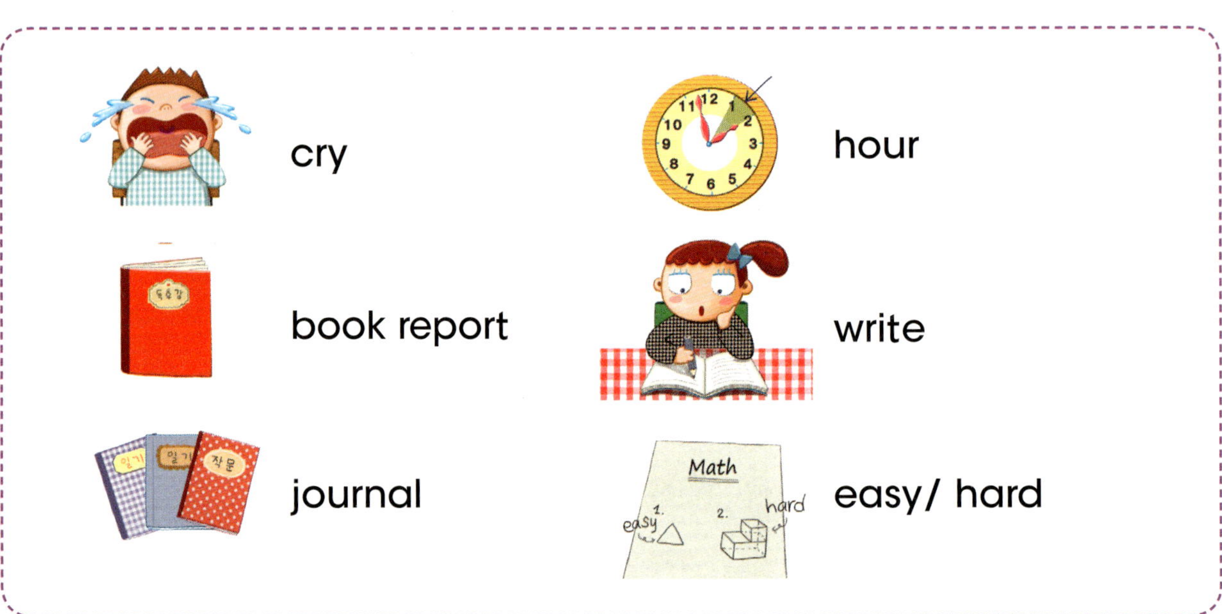

I cried

Last time I cried was two hours ago. I had to do a book report. I cried because I had to read a long, long book. Usually I cry when I write journals. It is so hard.

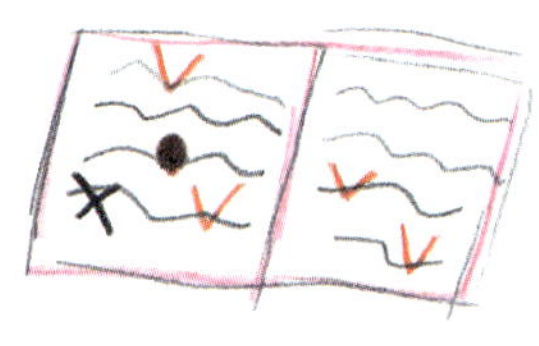

Brain Storming: Plan your own journal

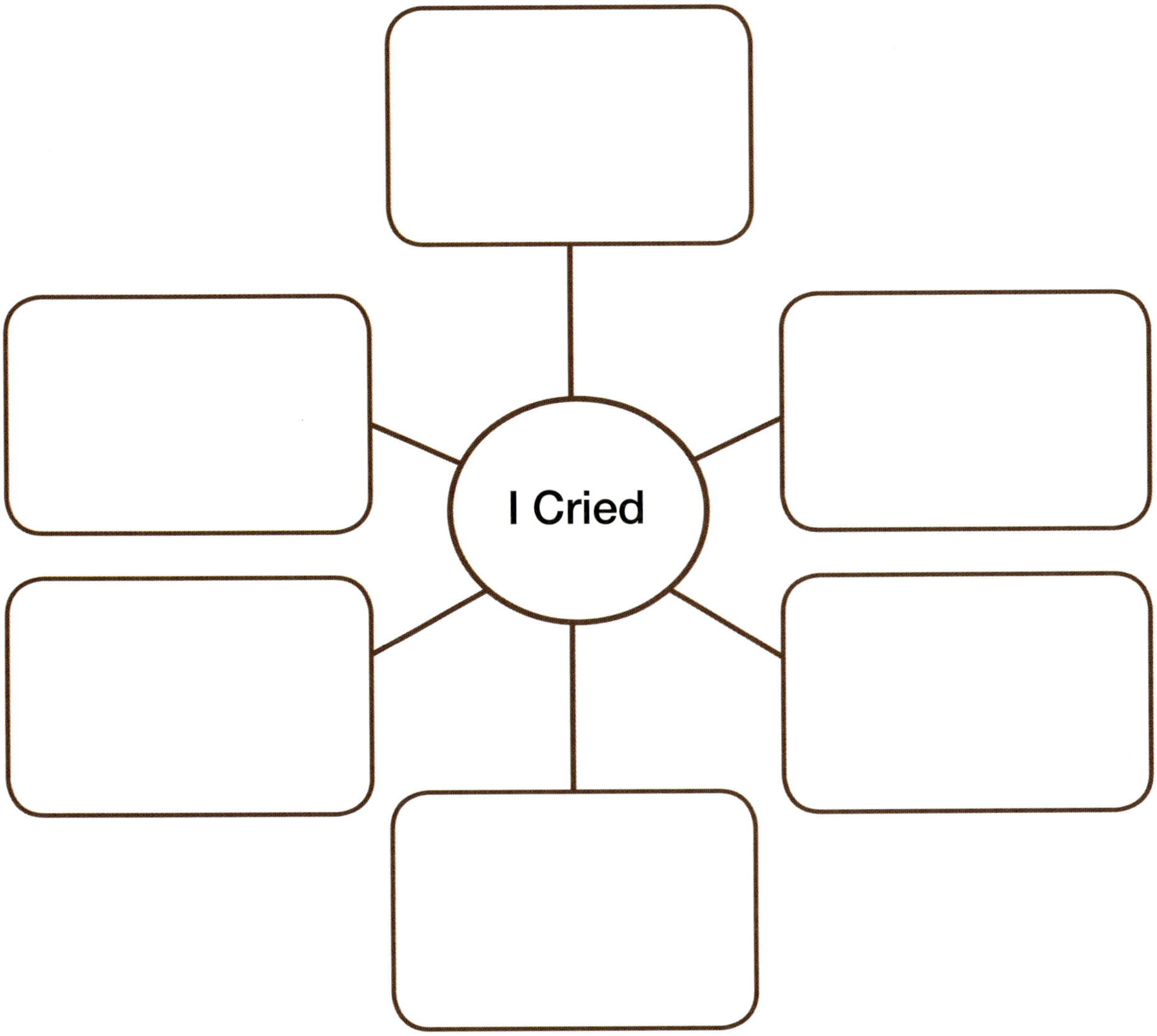

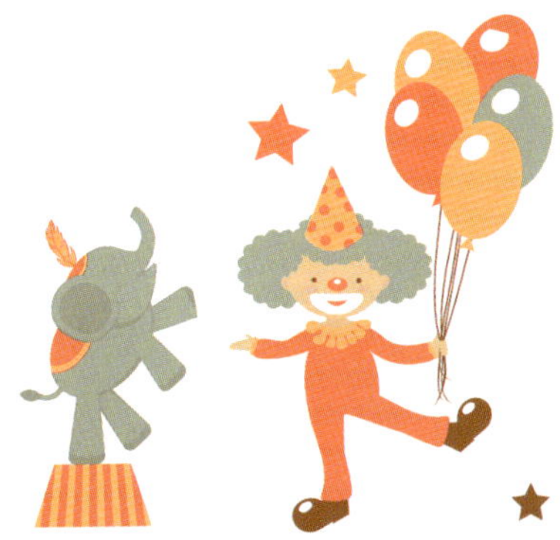

My Summer Vacation

What did you do on your summer vacation? Tell us about your fun memories.

Word Bank

# My Summer Vacation

I went to the beach.
I caught many crabs and
hermit crabs. It was fun.
Small crabs are weak. So
I can catch them with
my hands.

Brain Storming: Plan your own journal

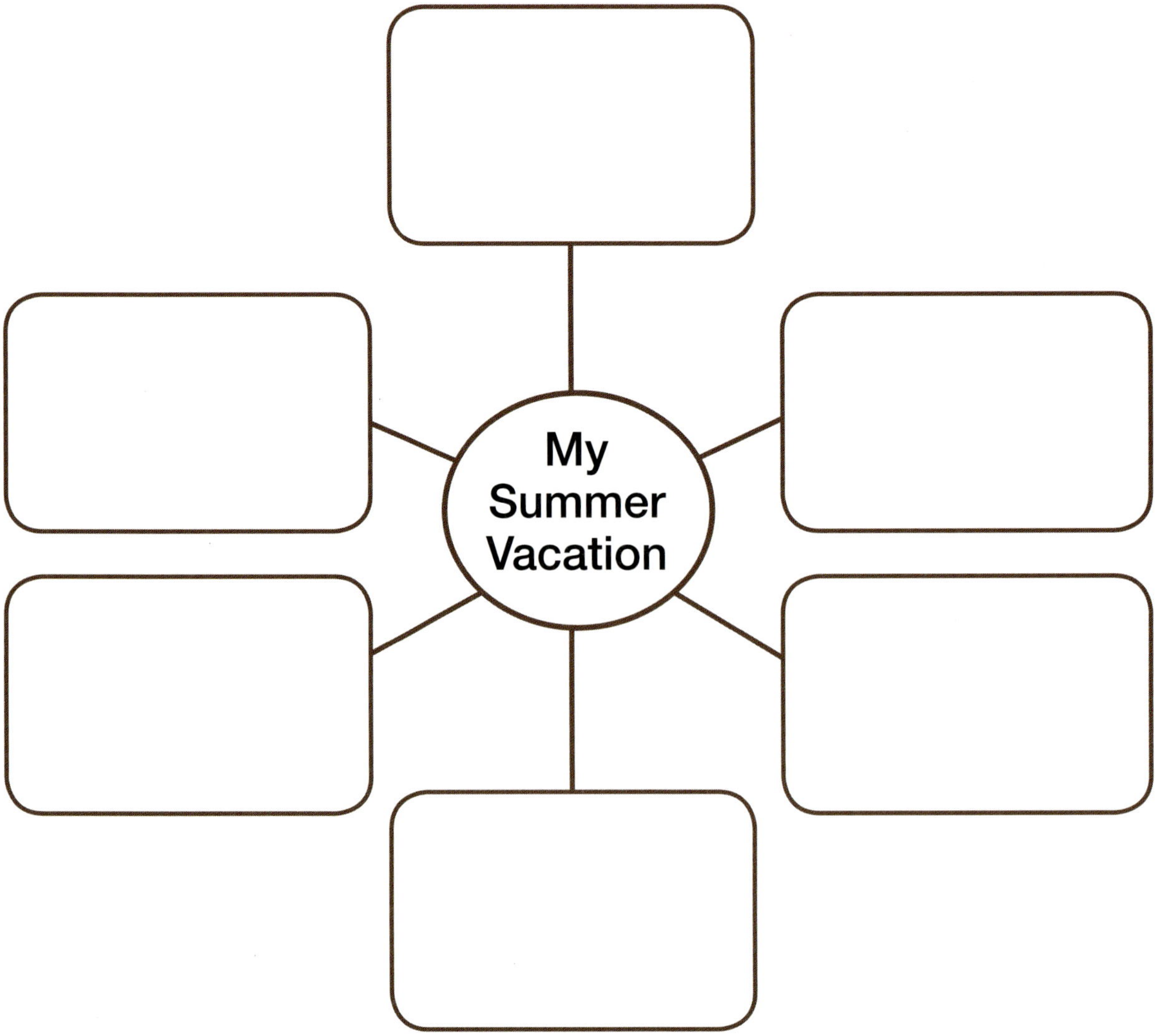
My Summer Vacation

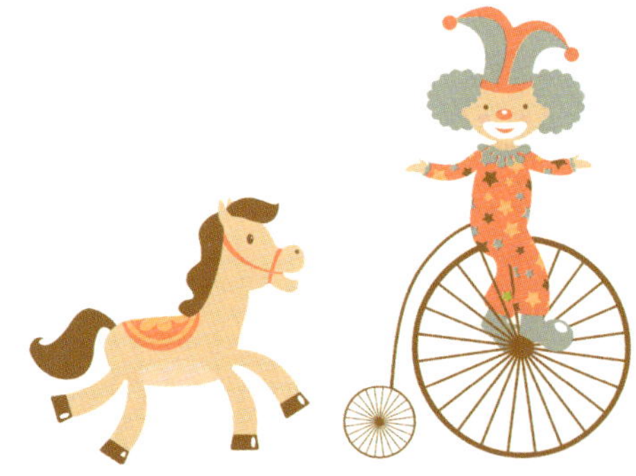

Chapter 2 My Favorite Things

My Favorite Animal

What animal do you like best? What is that animal like? Why do you like that animal?

Word Bank

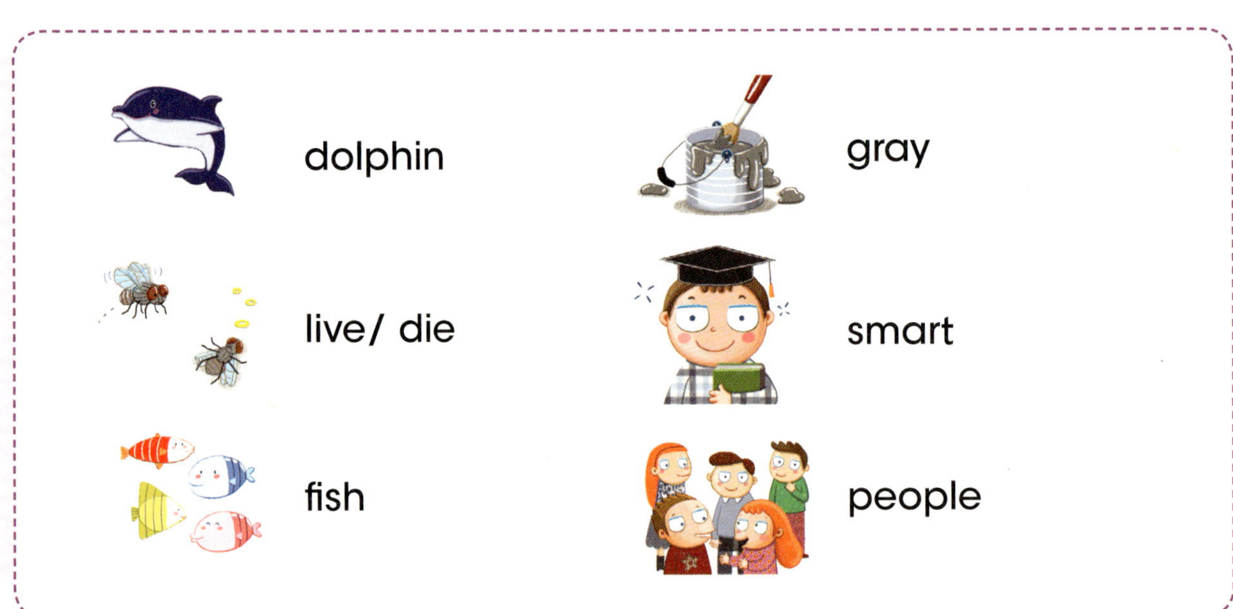

My Favorite Animal

My favorite animal is a dolphin. It is gray. It lives in water. I like this animal because it is smart. Dolphins eat fish and other things. Dolphins are very smart. They can play with people.

Brain Storming: Plan your own journal

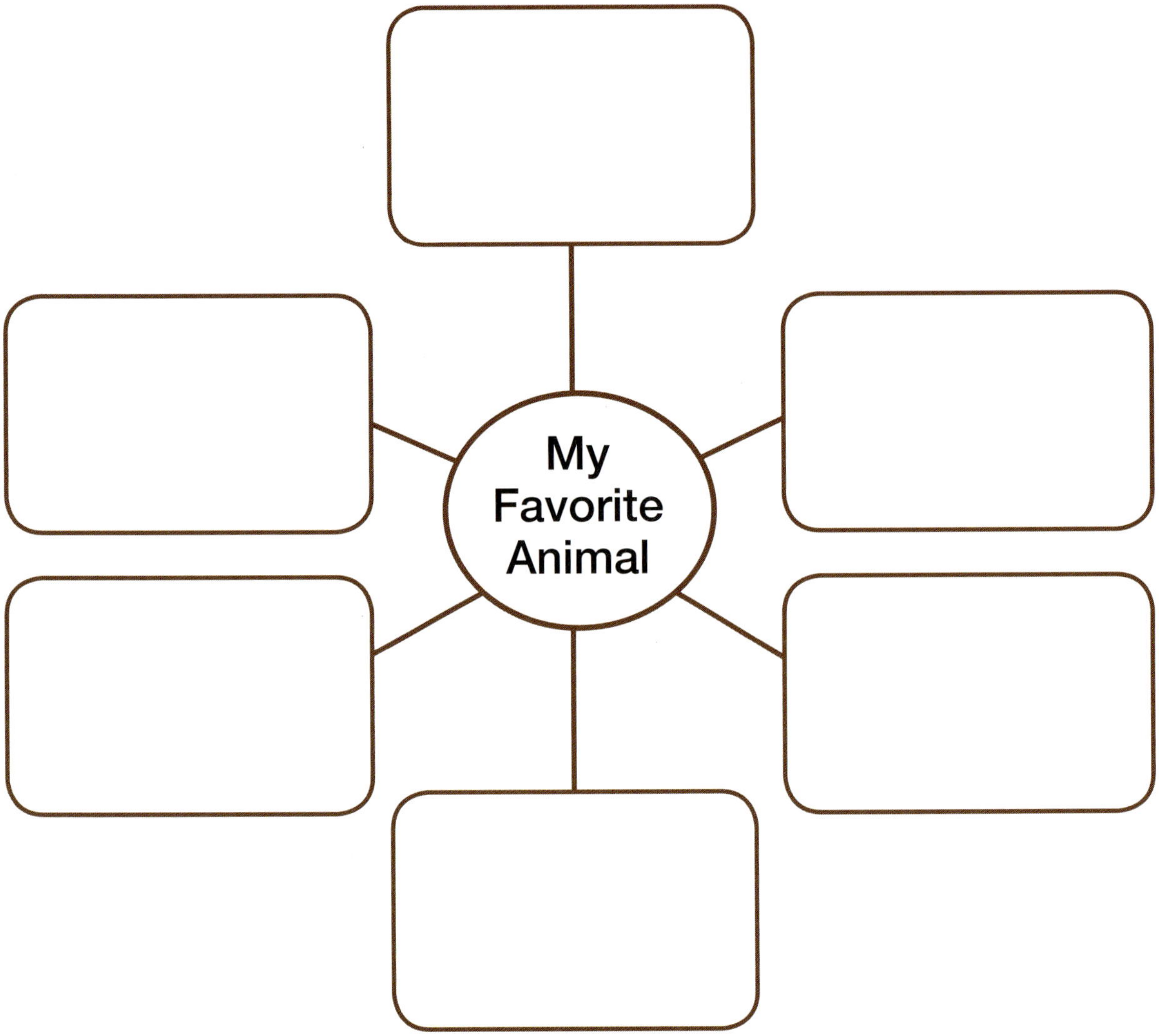
My Favorite Animal

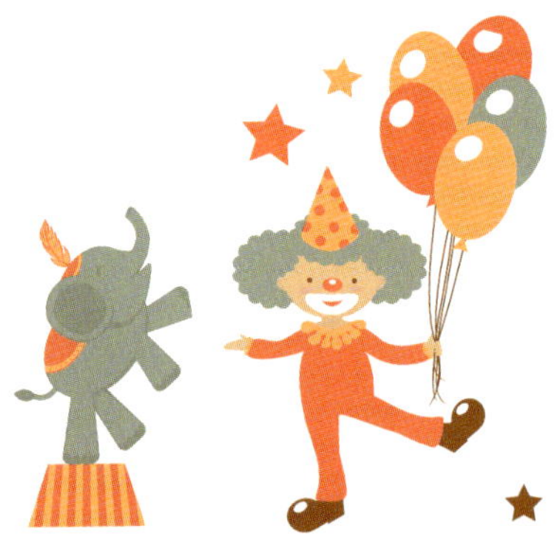

My Favorite Book

What kind of books do you like? Tell us about your favorite books. Why do you like those books?

 Word Bank

 comic book

 series

 science

 invention

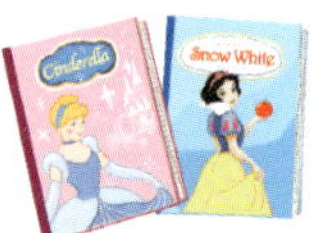 fairy tale

 fantasy

My Favorite Book

I like to read comic books. My favorite comic book series is <u>Why?</u> I like it because it is fun and I can learn science. I like the book "Invention" the most.

Brain Storming: Plan your own journal

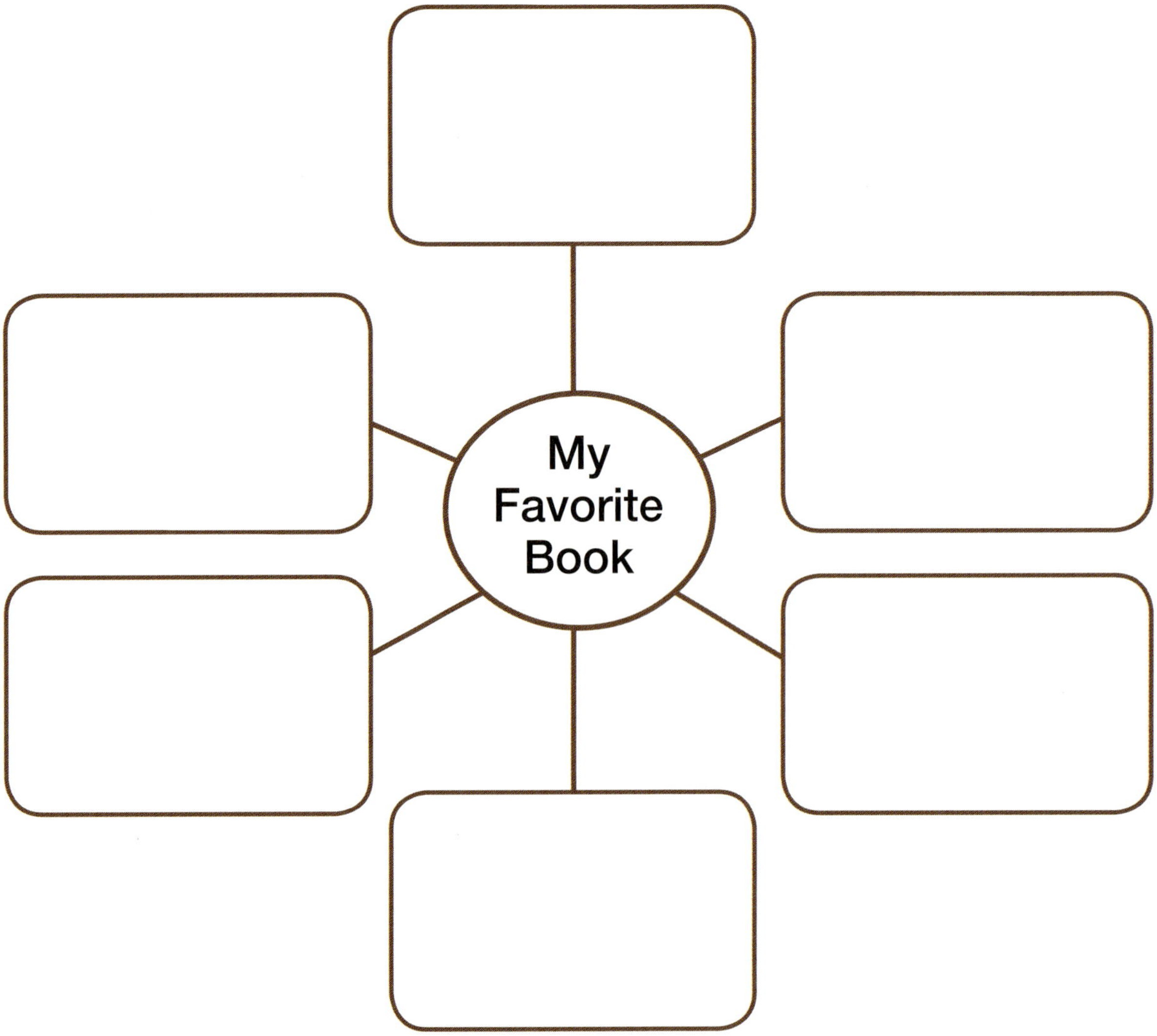
My Favorite Book

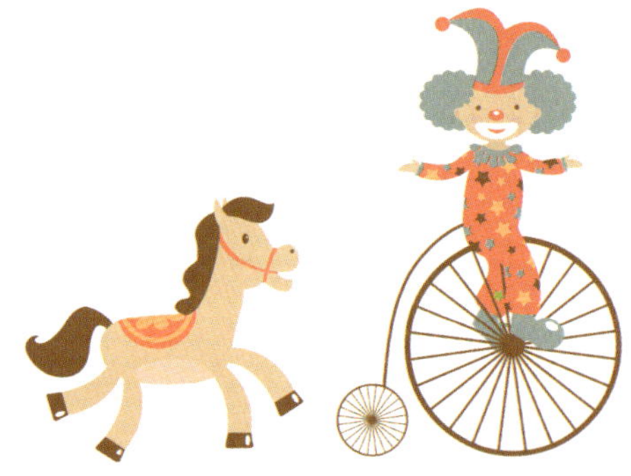

My Favorite Place

Where do you like to go? Tell us about your favorite place. What is it like? Why do you like it?

 Word Bank

My Favorite Place

My favorite place is Jeju Island. I can swim in the ocean. I can swim in the swimming pool. I can also see many bugs. The most fun thing is riding in an airplane.

Brain Storming: Plan your own journal

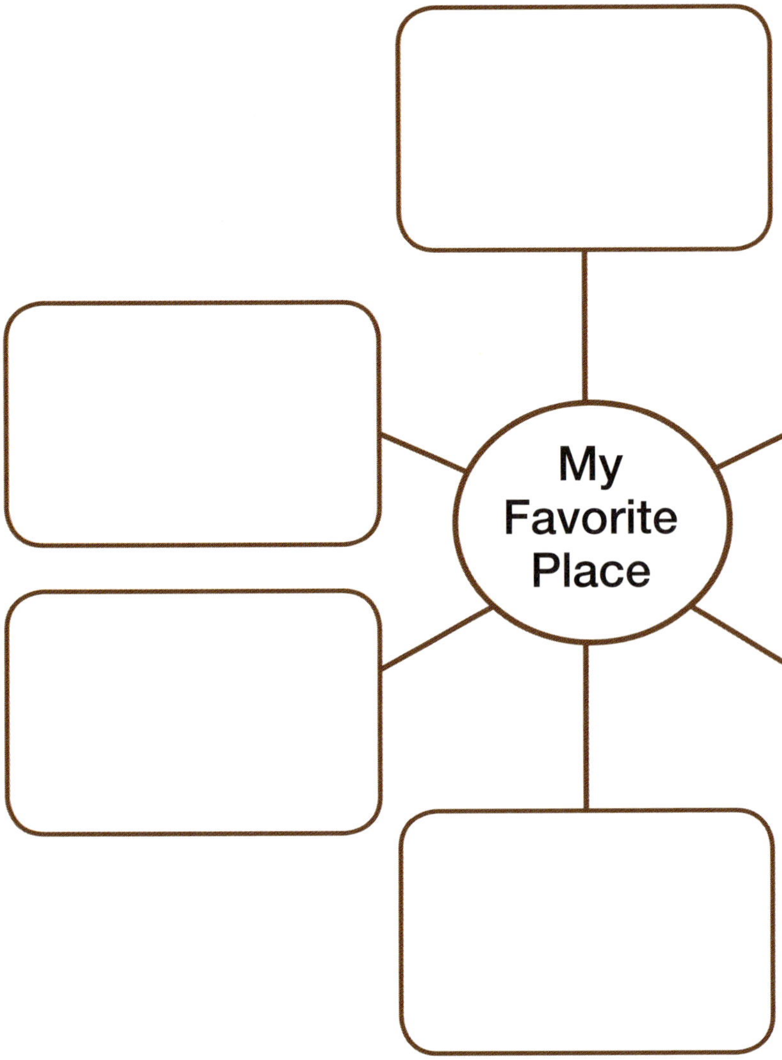
My Favorite Place

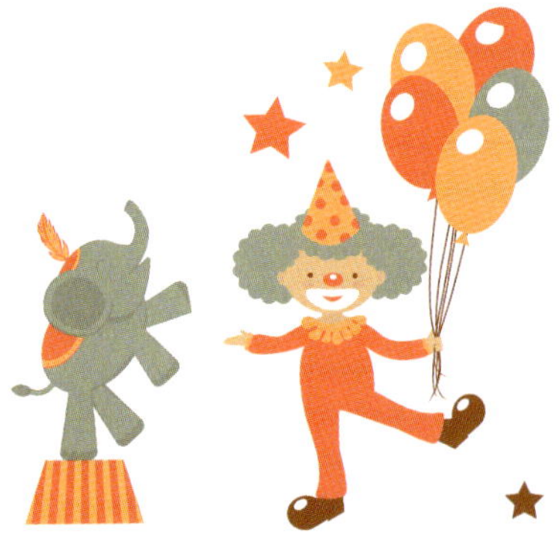

# Journal Writing: Write your journal

My Favorite Game

What is your favorite game? Board games? Video games? Or card games? Write about your favorite game.

Word Bank

My Favorite Game

My favorite game is Angry Bird. It is a phone game. There are 7 kinds of birds. The birds kill some green pigs. Some birds are fast and some have bombs. Angry Bird is very fun.

Brain Storming: Plan your own journal

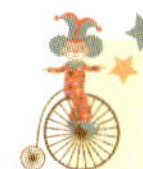

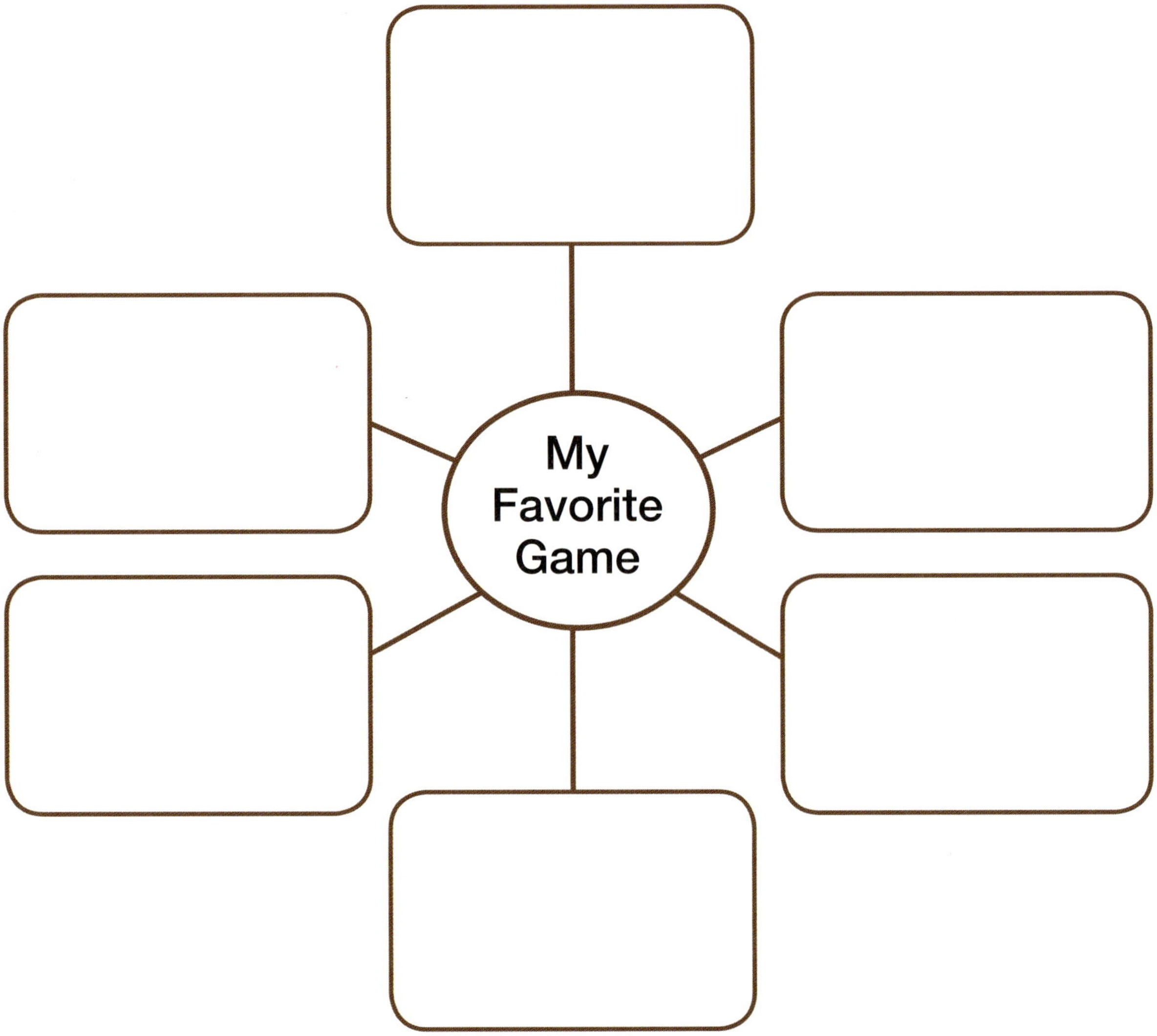
My
Favorite
Game

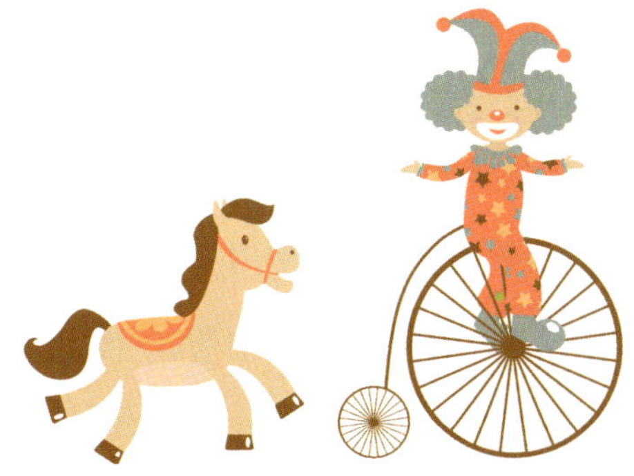

My Favorite Toy

What is your favorite toy? Why do you like it? How do you feel when you play with it?

Word Bank

Star Wars

LEGO brick(s)

make

small/ big

Barbie doll

play house

My Favorite Toy

My favorite toy is Lego.
Playing with Legos is fun because
I can make something
with them. I like small
Legos more than big Legos.
I like StarWars Legos
the most.

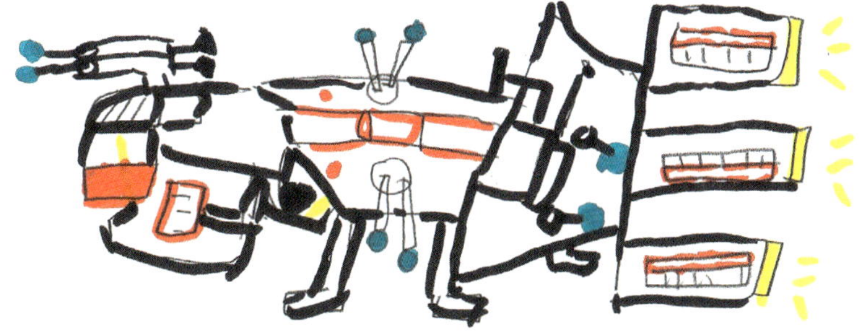

My
Favorite
Toy

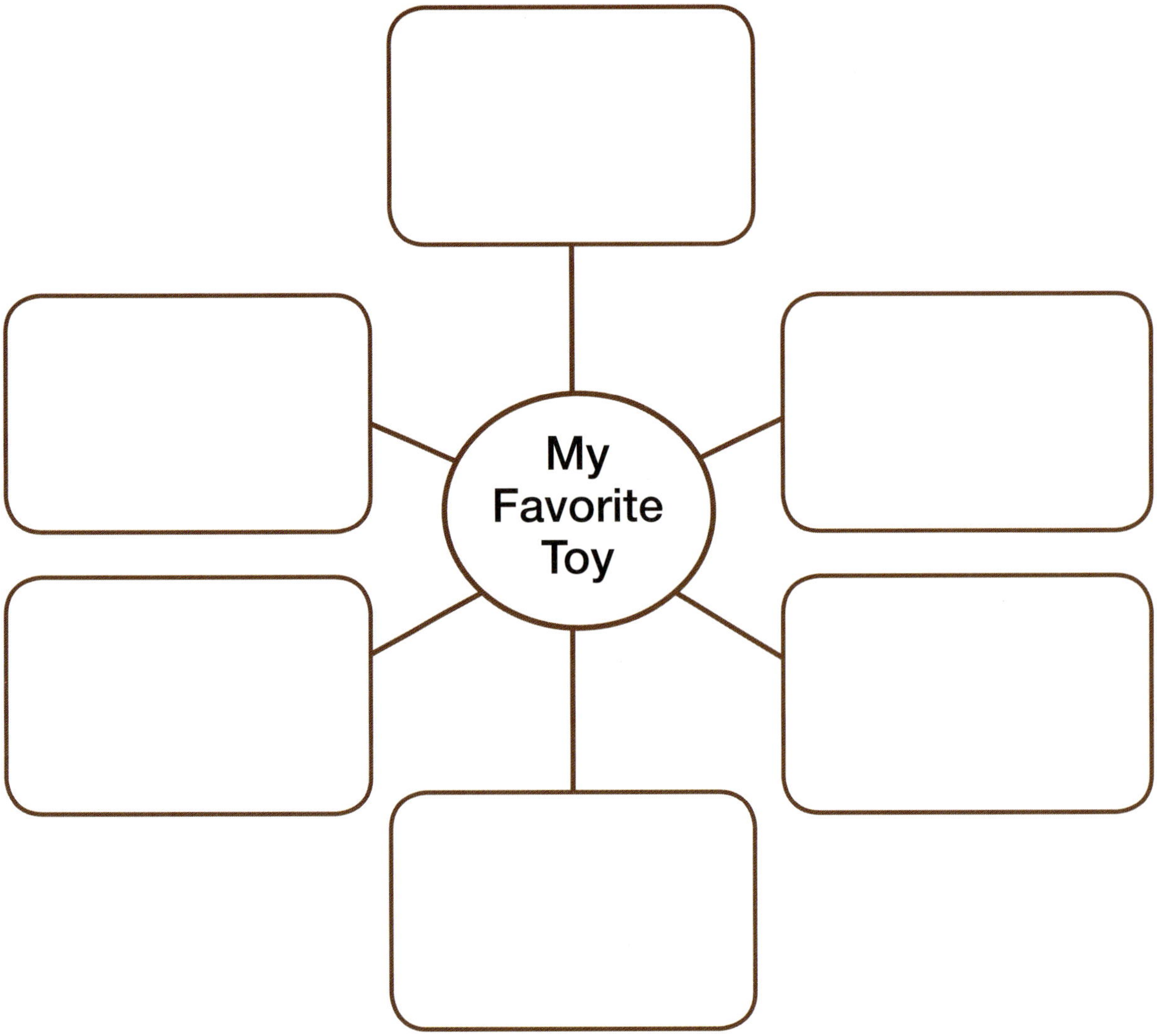

Chapter 3 My Feeling

I Get Mad When ~

What makes you angry? When do you get mad? Write about times when you get mad.

Word Bank

mad

friend(s)

break

homework

tease

say a bad word

I Get Mad When ~

I get mad when my friend breaks my Legos. I also get mad when my mom says "Do your homework," and "Stop playing!"

Brain Storming: Plan your own journal

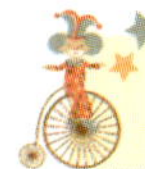

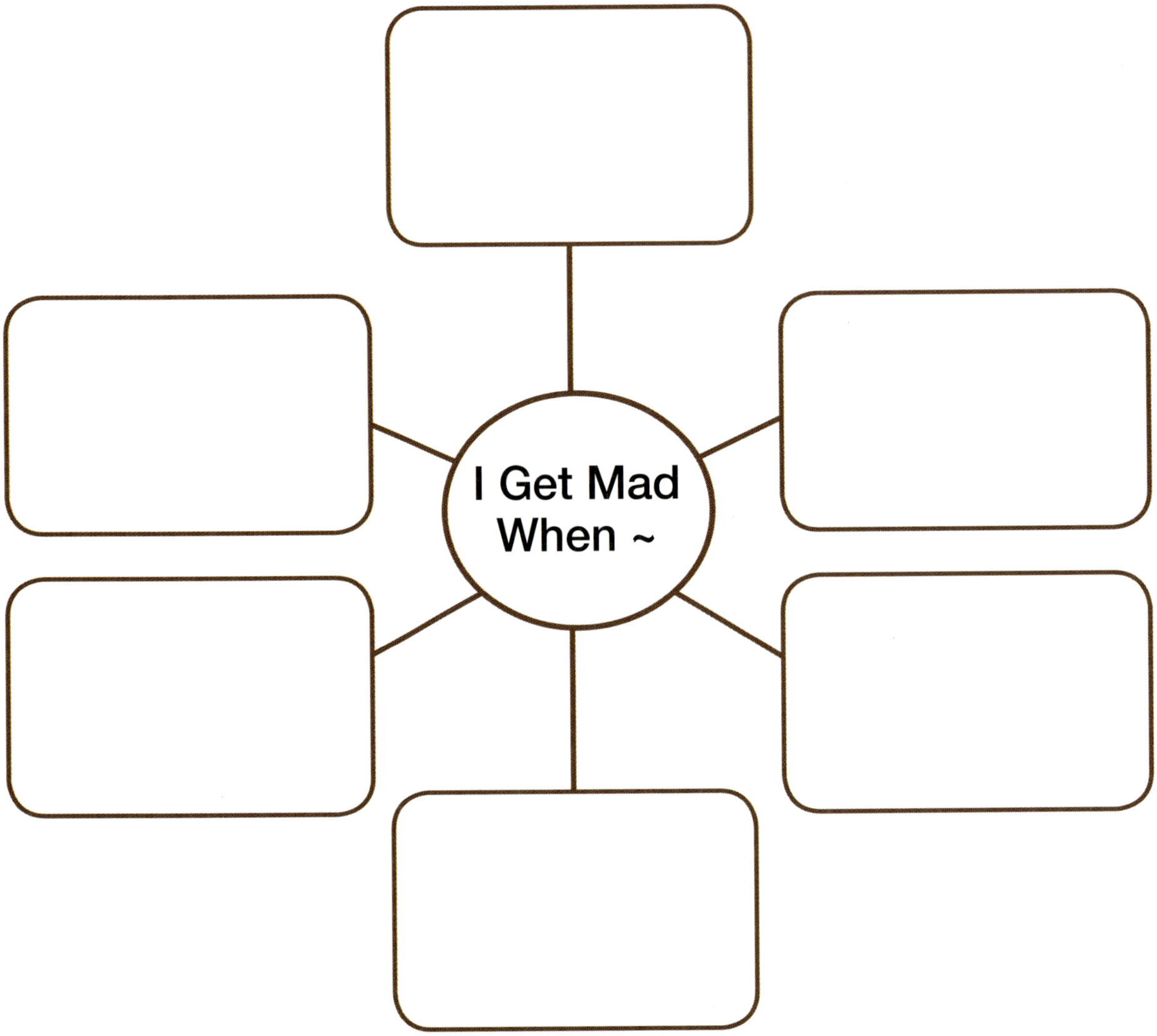

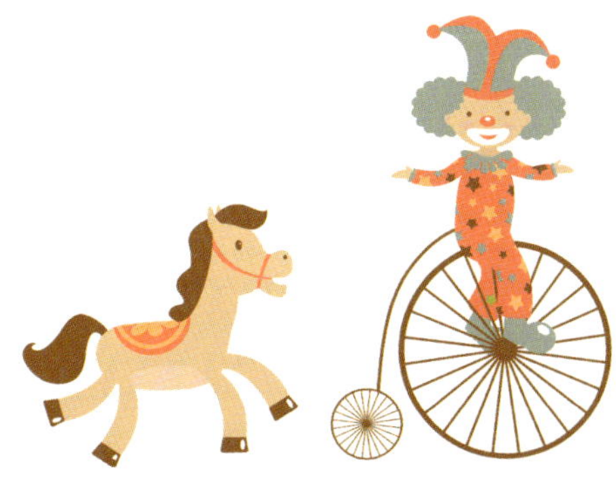

When I Was Sick ~

When was the last time you were sick? How did you feel?

Word Bank

When I Was Sick~

I didn't go to school last week because I had the flu. I threw up two times. I had a fever. I had a bad cough. I had to take some medicine. When I was sick at home, I missed my friends.

Brain Storming: Plan your own journal

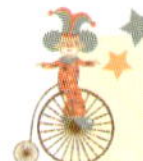

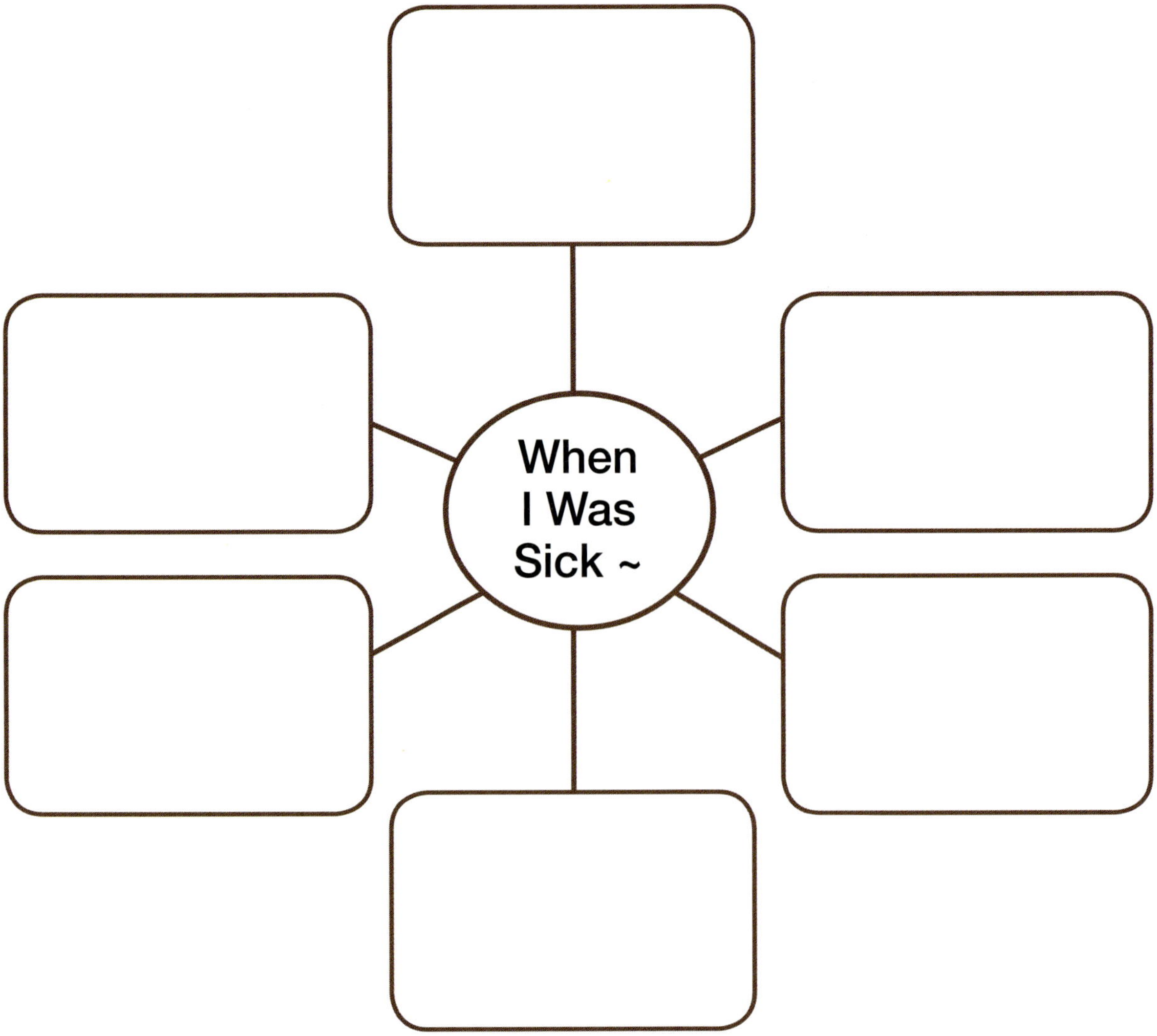
When I Was Sick ~

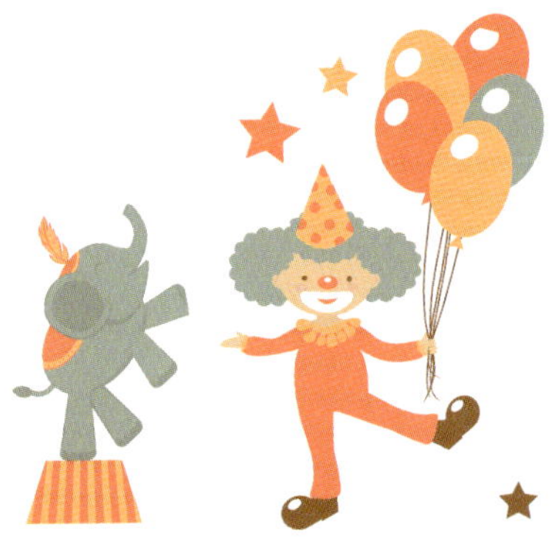

I Was Happy When ~

When do you feel happy? Write about times when you are happy and what makes you happy.

Word Bank

I Was Happy When~

I was happy when I bought a robot. The robot was yellow. The robot can change into a car too. The robot also had a sword, a gun, and a mask. I love the robot.

Brain Storming: Plan your own journal

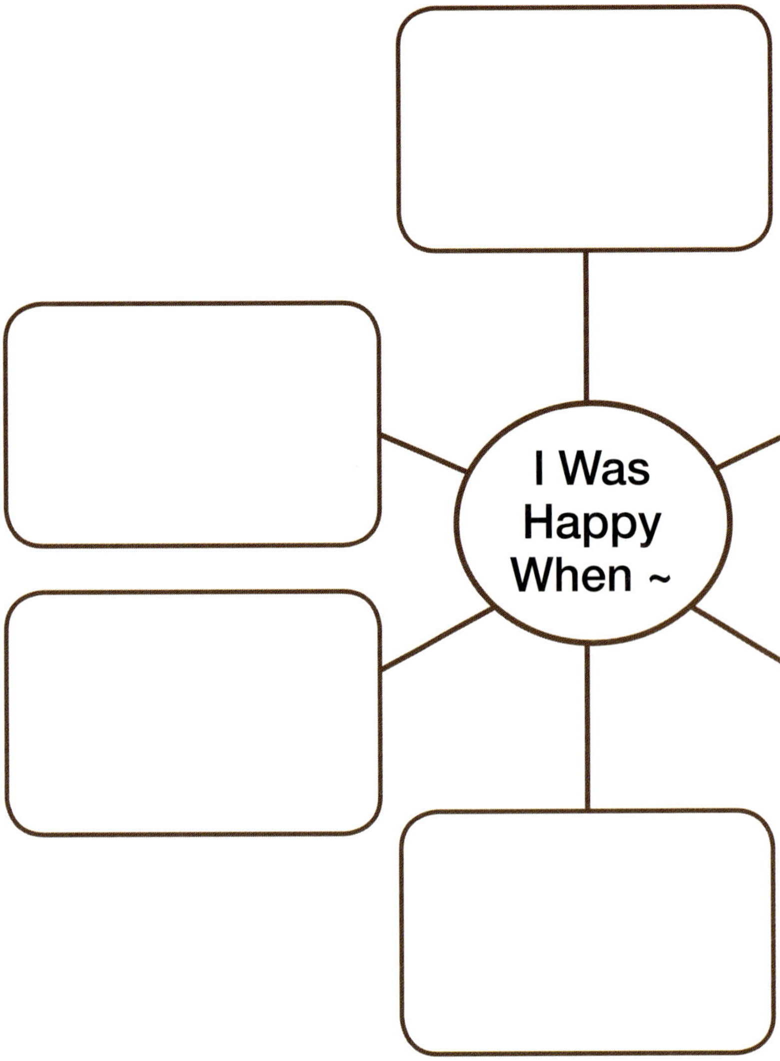
I Was
Happy
When ~

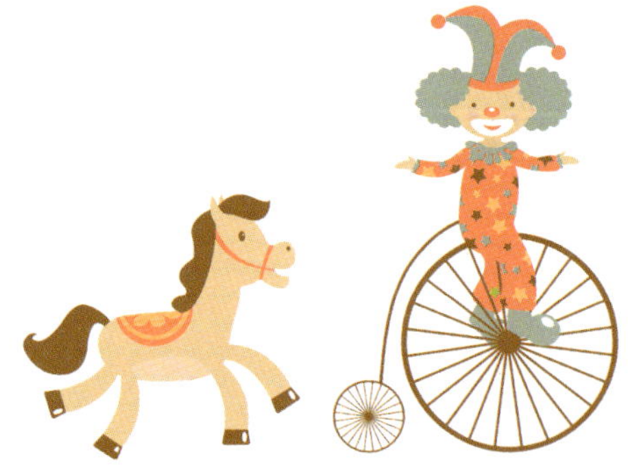

Journal Writing: Write your journal

The Letter to My Mom

Write a thank-you letter to your mom. Think of times when you are thankful to your mom.

Word Bank

 delicious

 food

 zucchini

 pancake

 read

 tell stories

The Letter To My Mom

Dear Mom,

Thank you for making delicious food. I am happy when you make zucchini pancakes. Thank you for reading books and telling me stories. Thank you for playing with me. I love you, mom.

Love,
Joon

Brain Storming: Plan your own journal

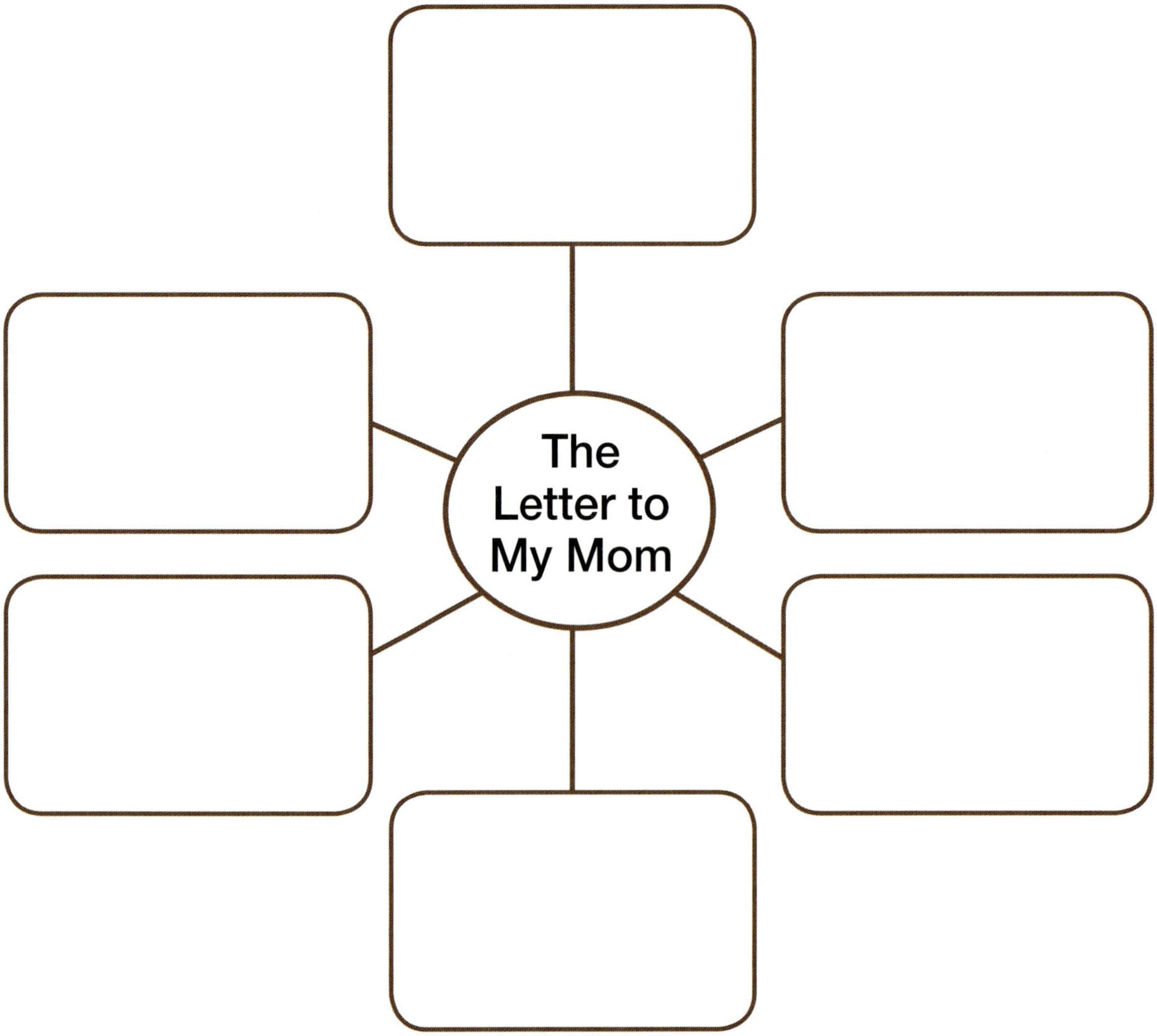
The Letter to My Mom

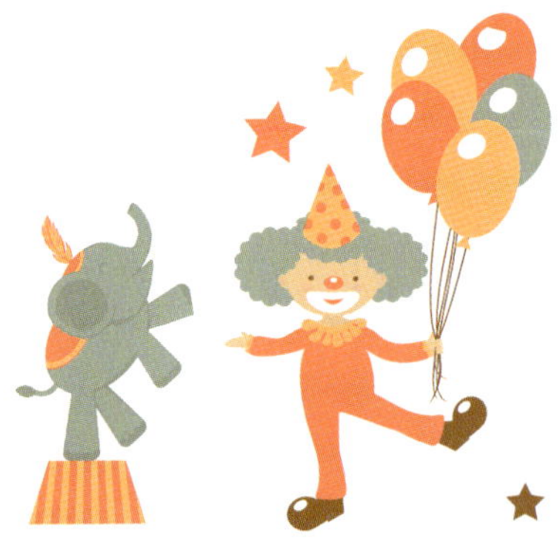

Journal Writing: Write your journal

My Best Birthday Present

What is your best birthday present ever? Describe it. Who gave it to you?

Word Bank

best

birthday

present

toy car

video game player

teddy bear

 My Best Birthday Present

My best birthday present was a toy car. I always play with it. My friend's mother gave it to me. It is blue. I love it.

My Best
Birthday
Present

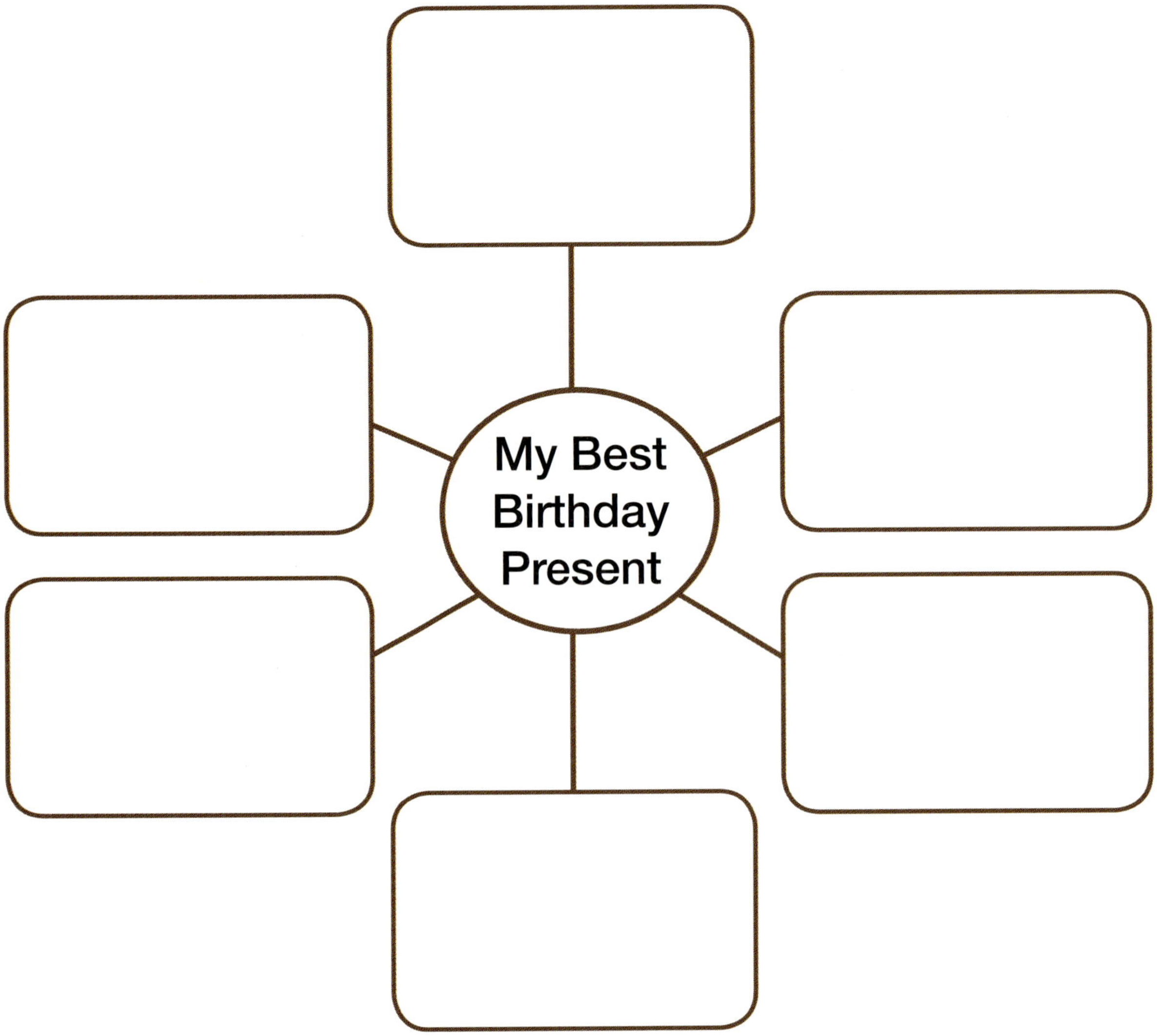

Chapter 4 My Wish

If I Were a Teacher, I Would ~

Imagine that you are a teacher! What would you do if you were a teacher?

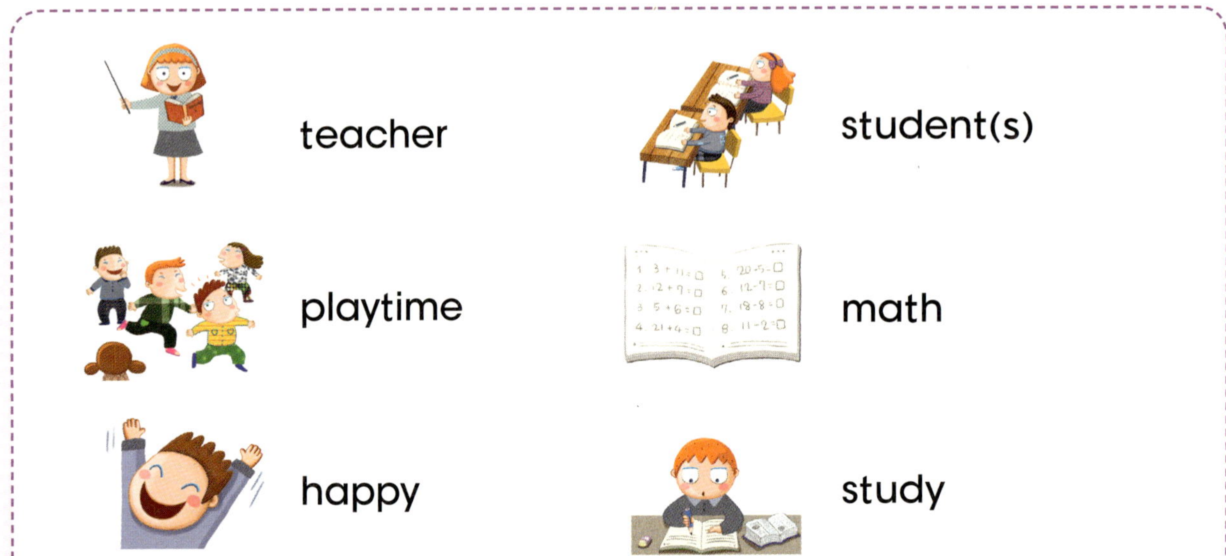

If I Were a Teacher, I Would~

If I were a teacher, I
would give a lot of playtime.
Students would play games
and learn math and English.
They would be happy
Then they would study
hard.

If I
Were a
Teacher,
I Would ~

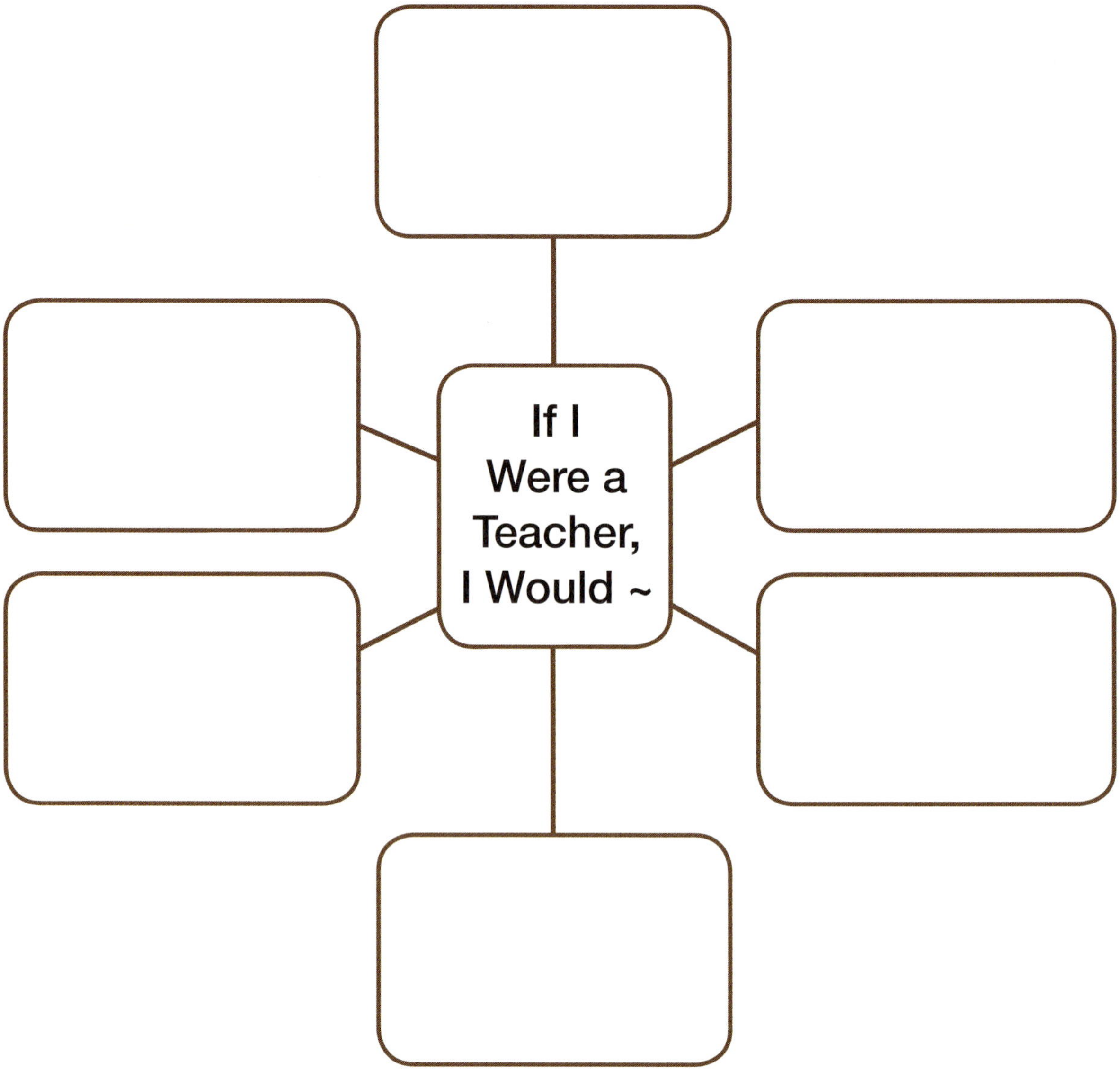

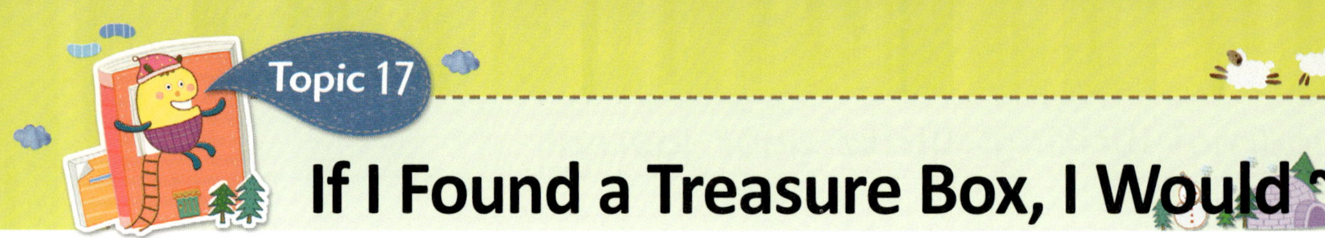

If I Found a Treasure Box, I Would ~

Imagine that you found a treasure box. What would be in the treasure box? What would you do with it?

Word Bank

If I Found a Treasure Box~

If I found a treasure box, I would sell the gold in it. I would buy a large house and a great car. I would make diamond rings and give them to my mommy. I would make a necklace too.

Brain Storming: Plan your own journal

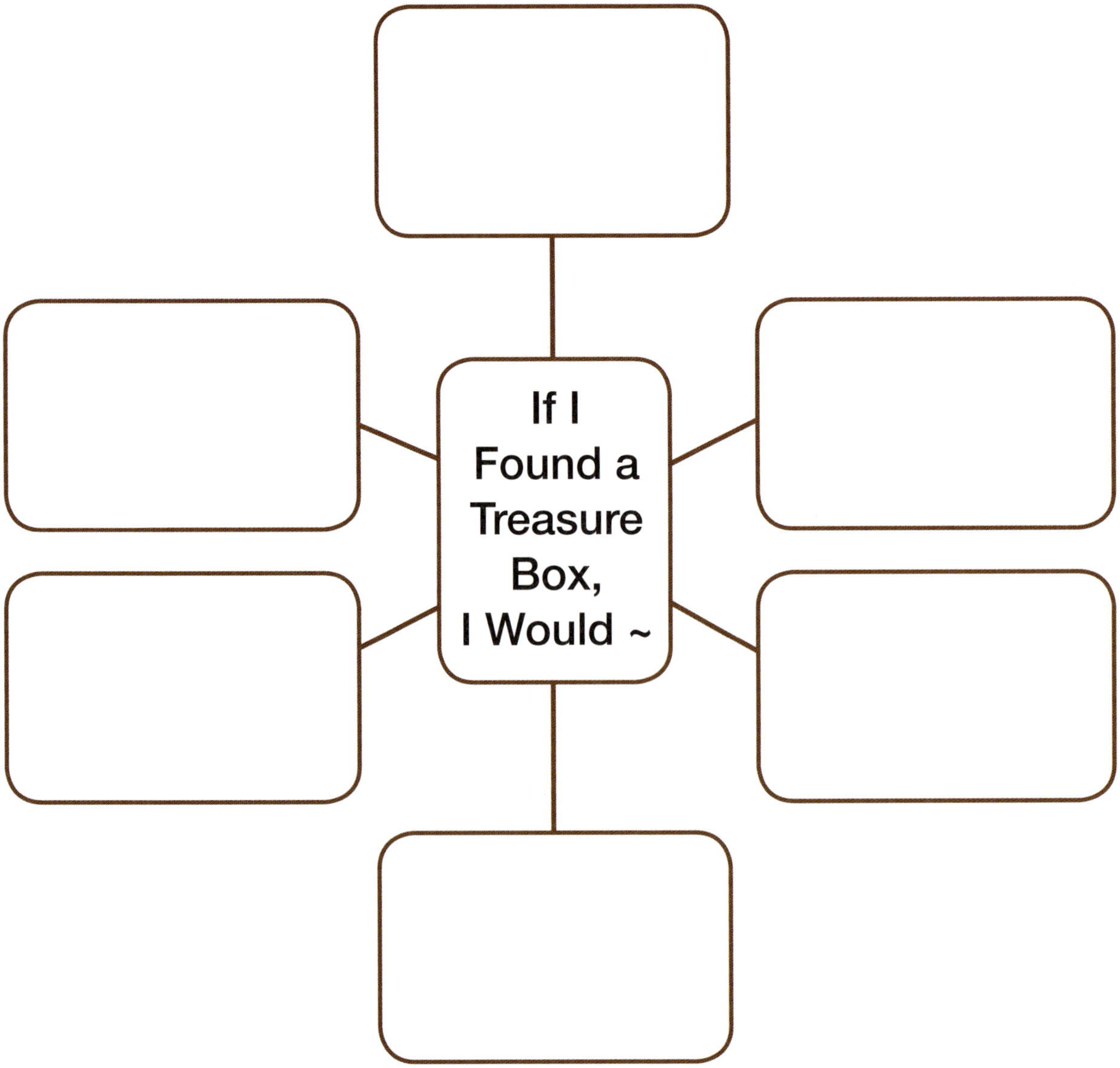
If I
Found a
Treasure
Box,
I Would ~

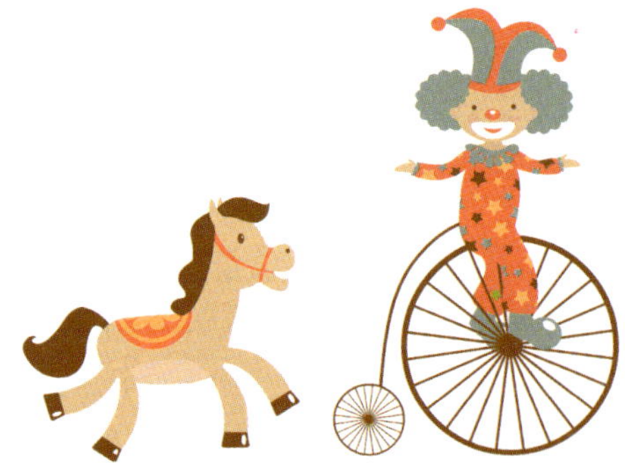

If I Could Go Anywhere, I Would ~

Where do you wish to go? What would you do if you went there?

Word Bank

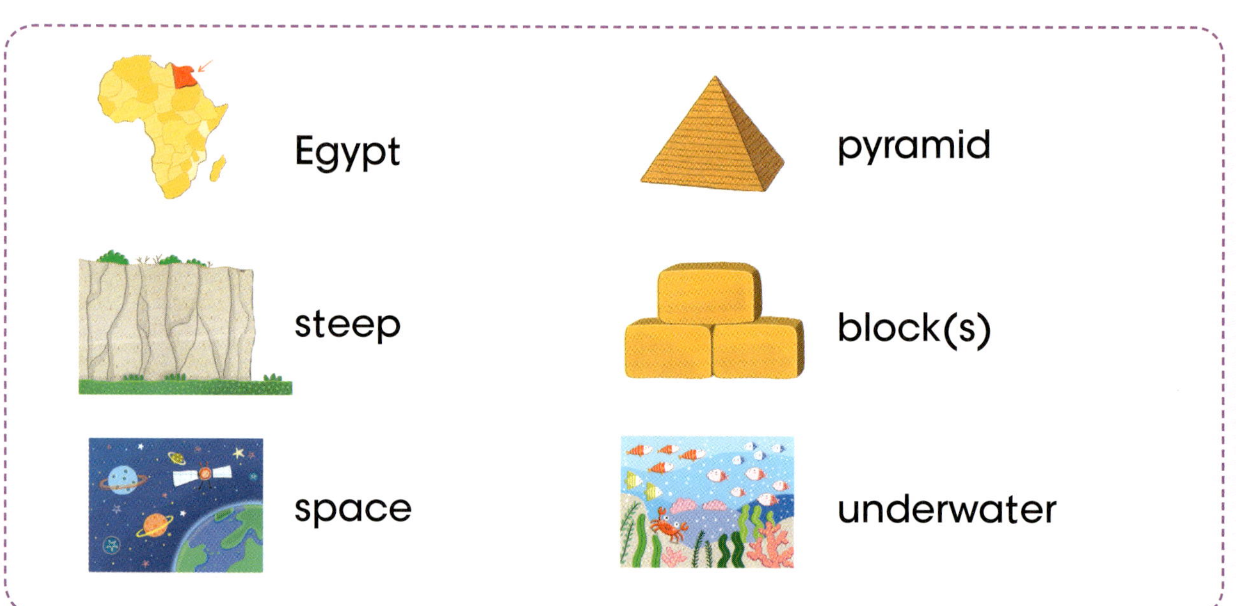

If I Could Go Anywhere ~

If I could go anywhere,
I would go to Egypt. I
want to see the pyramids.
I want to know how big
they are. I want to climb
them.

If I
Could Go
Anywhere,
I Would ~

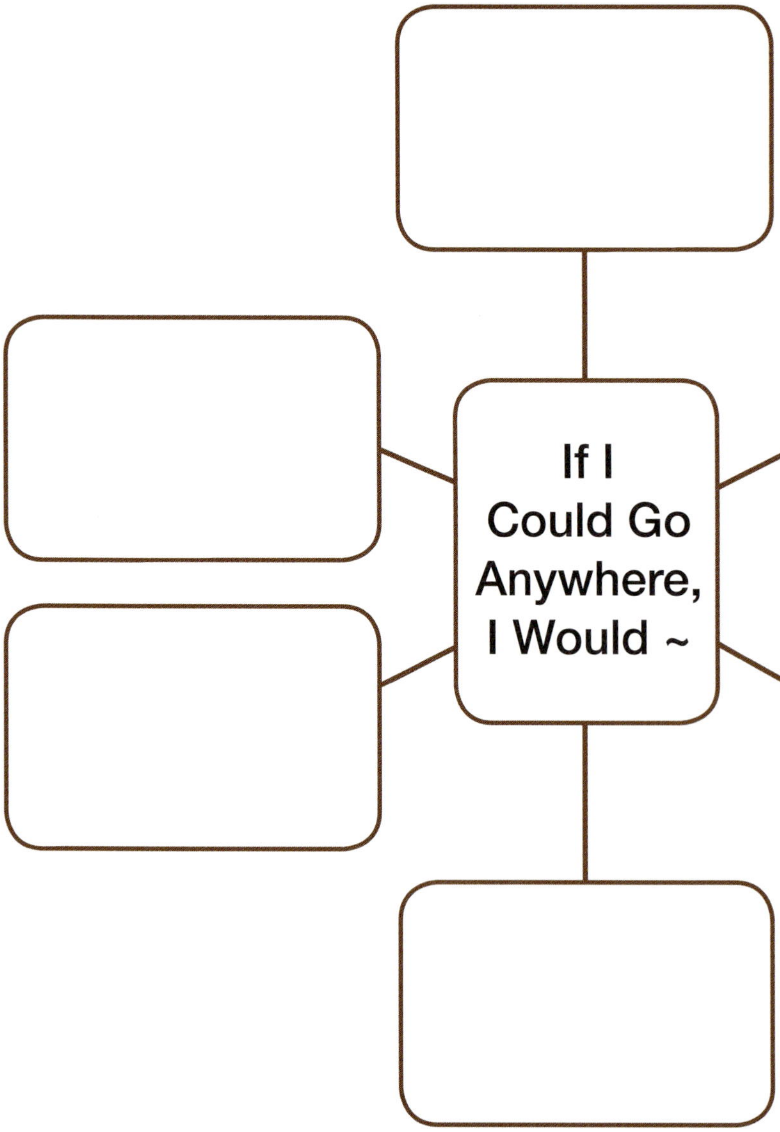

If I Could Be an Animal, I Would ~

What is your favorite animal? What animal would you want to be if you could? What would you do?

Word Bank

If I Could Be an Animal ~

If I could be an animal,
I would be a little bird. I
would eat bad insects. Also,
for fun, I would poo on
people's heads. I would fly
and play.

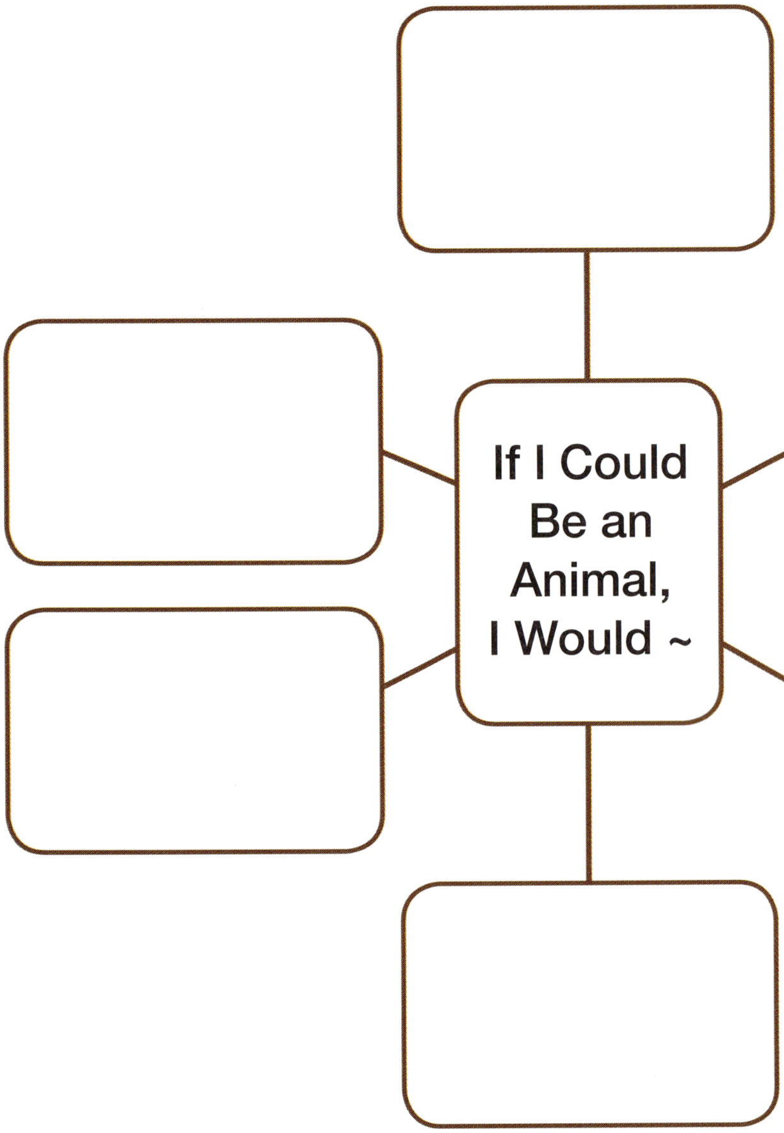

If I Could
Be an
Animal,
I Would ~

When I Grow up, I ~

What do you want to be when you grow up? Write about your dream job.

Word Bank

 grow up

 scientist

 discover

 cell phone

 experiment

 bullet(s)

When I grow up ~

When I grow up, I want to be a scientist. I want to discover new things. I will make toy robots and cellphones. I will do experiments to make bullets.

Brain Storming: Plan your own journal

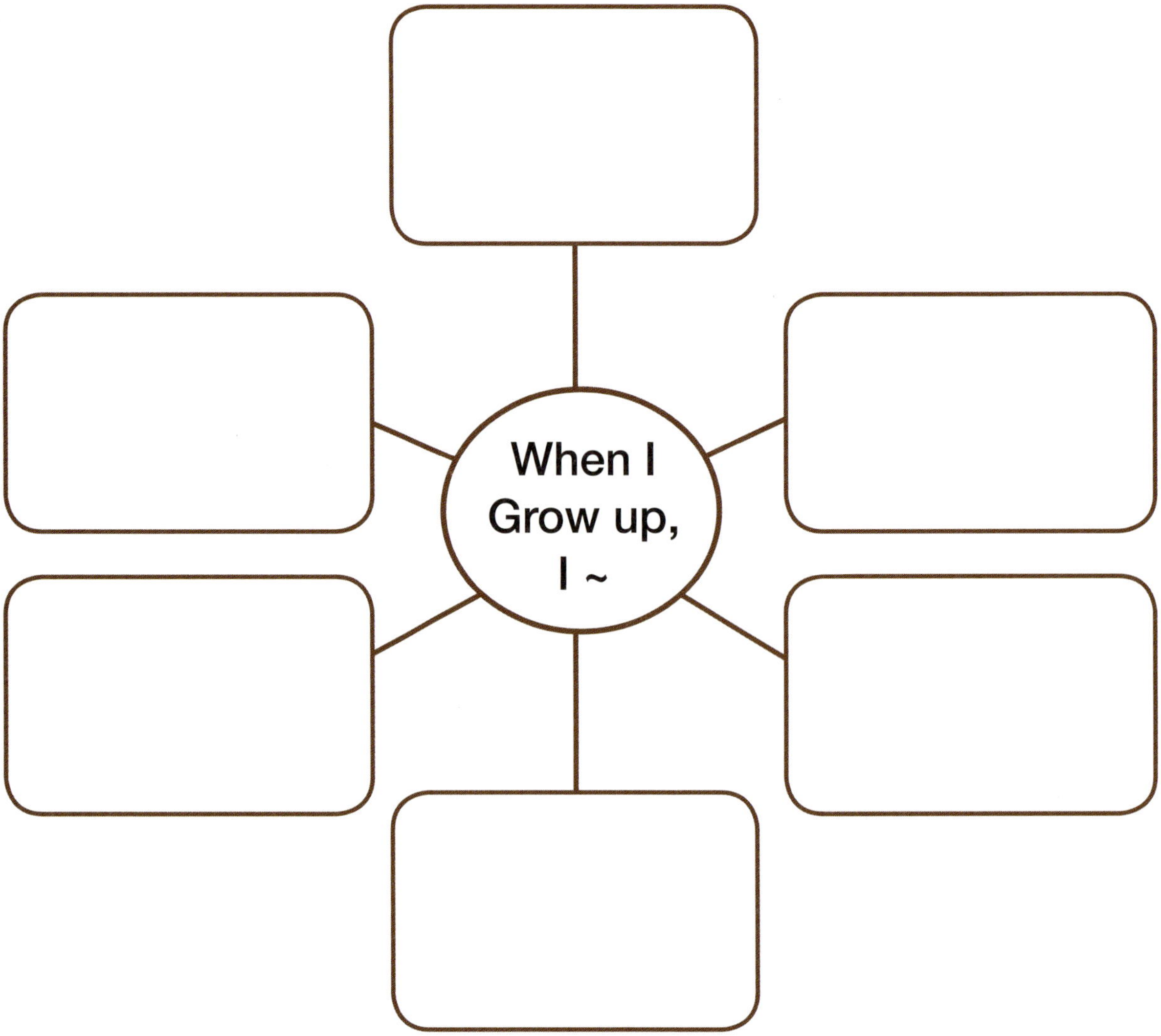
When I
Grow up,
I ~

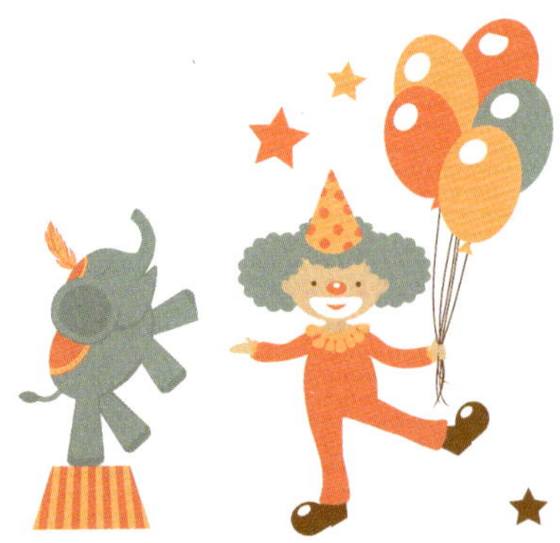

Chapter 5 Fun Story

Writing Riddles

Do you like riddles? Write your own riddle and let your friend guess the answer.

 Word Bank 

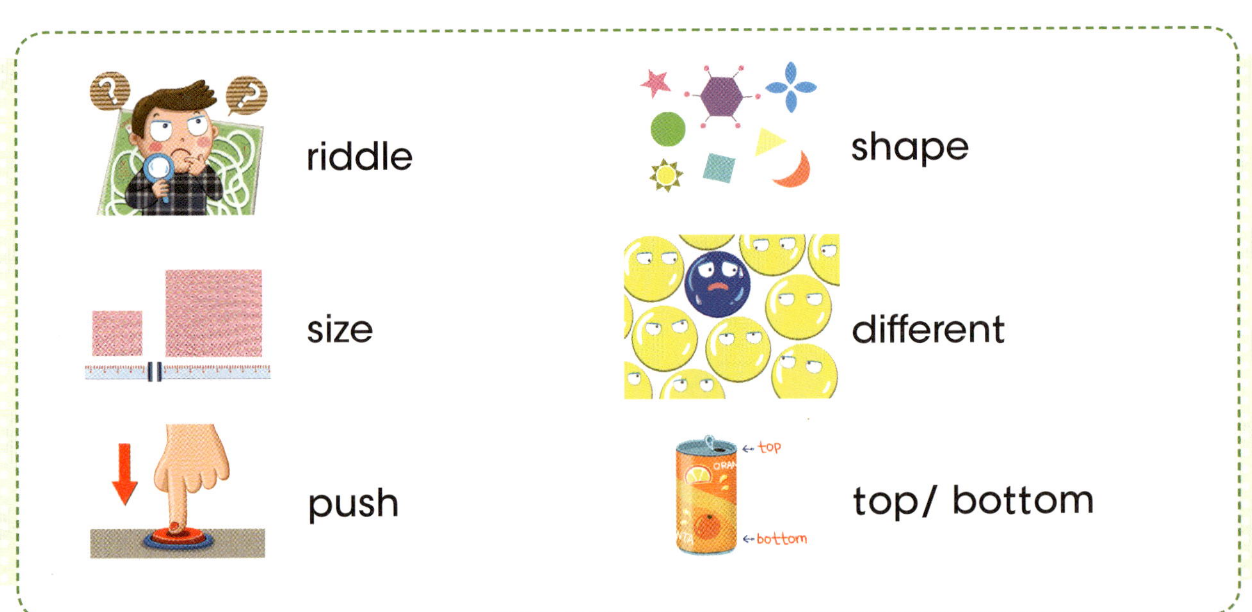

Writing riddles

What is it? It is a thing. There are many shapes and sizes. There are many different colors. You can write with it. If you push the top of this thing, some- thing comes out from the bottom part.

Answer: a mechanical pencil

Brain Storming: Plan your own journal

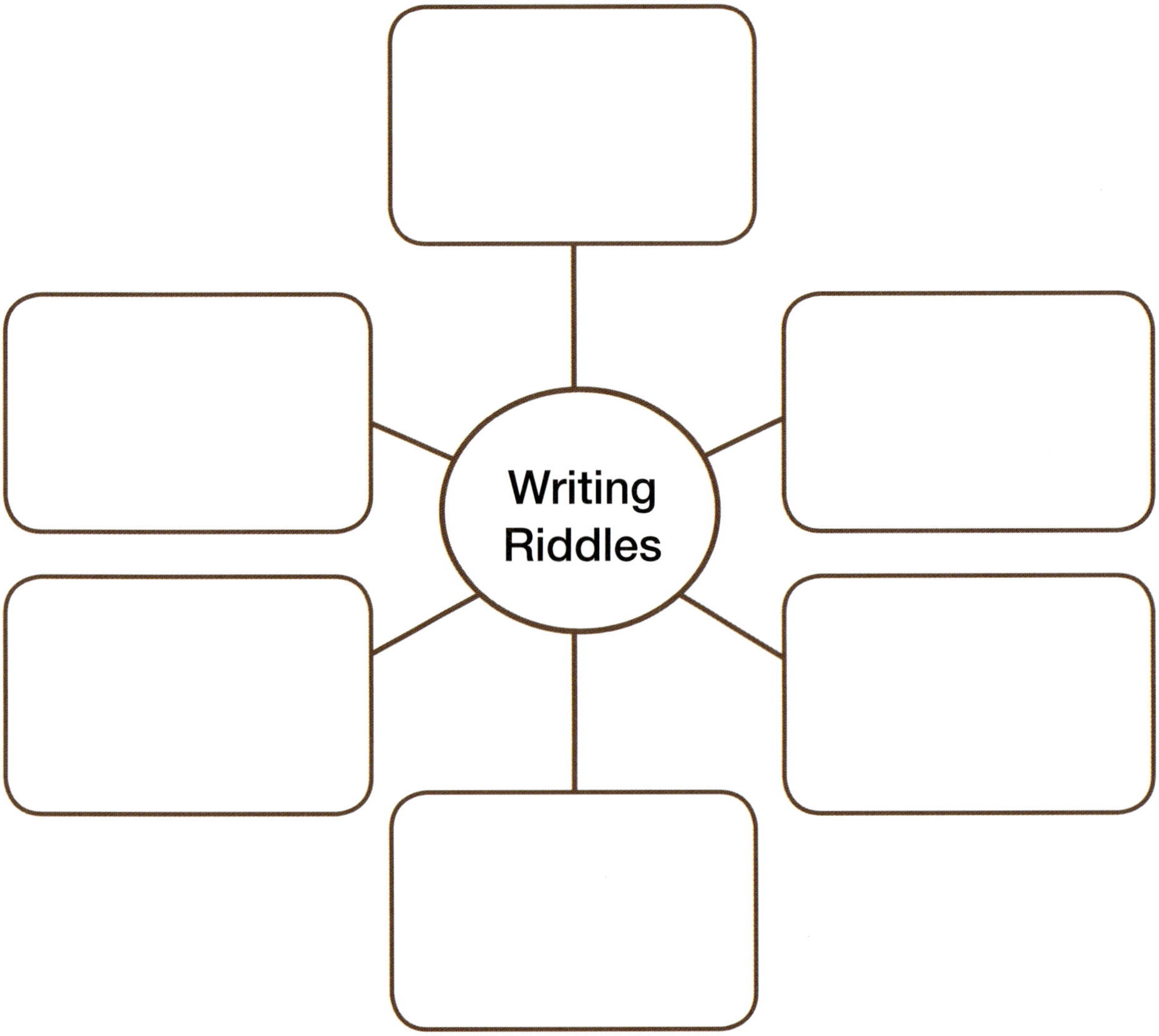
Writing
Riddles

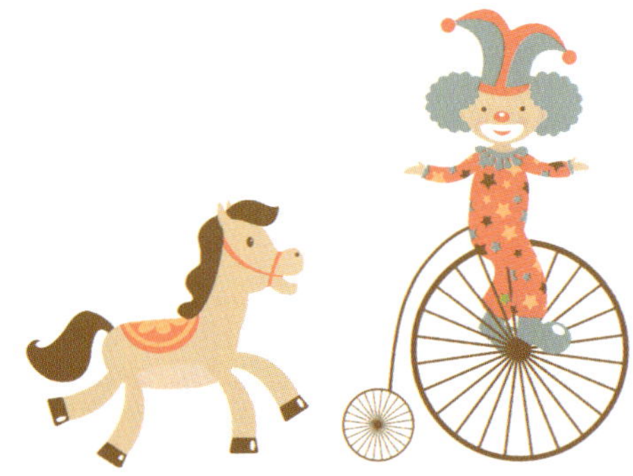

Animal School

What would happen in the animal school? Who would be the teacher? Who would be the students? What would the animals do in their school?

Word Bank

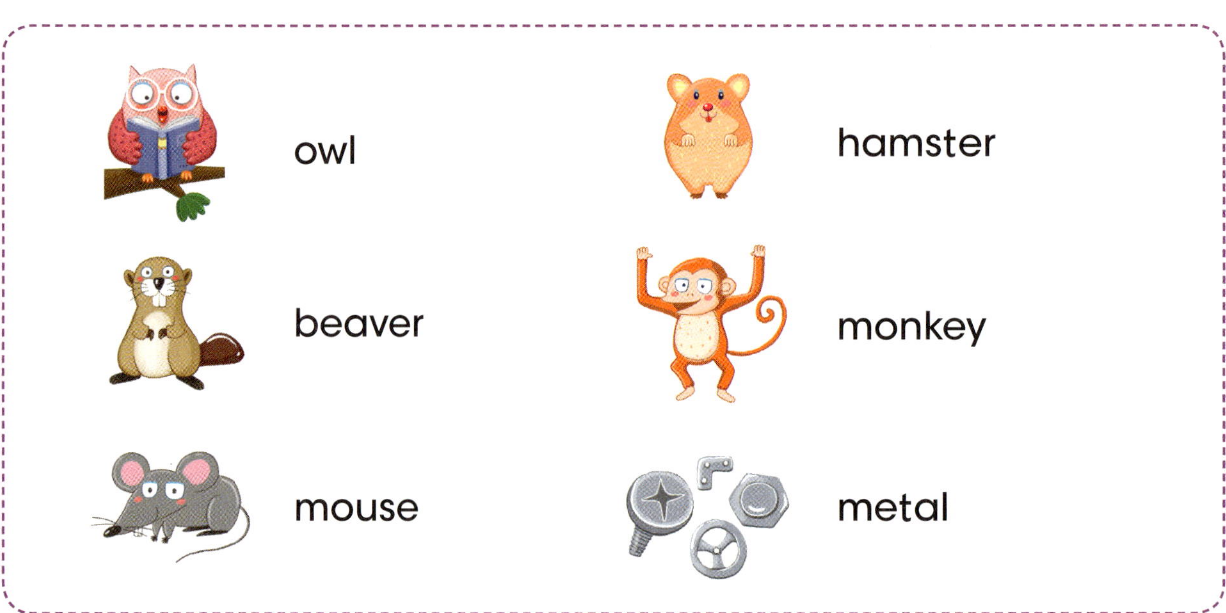

Animal School

A long time ago, there was an animal school. The teacher was a dolphin. There were five students in the school. There were a hamster, a beaver, a monkey, a turtle, and a mouse. The hamster and the beaver tried to eat wooden tables. So, they had metal tables.

Brain Storming: Plan your own journal

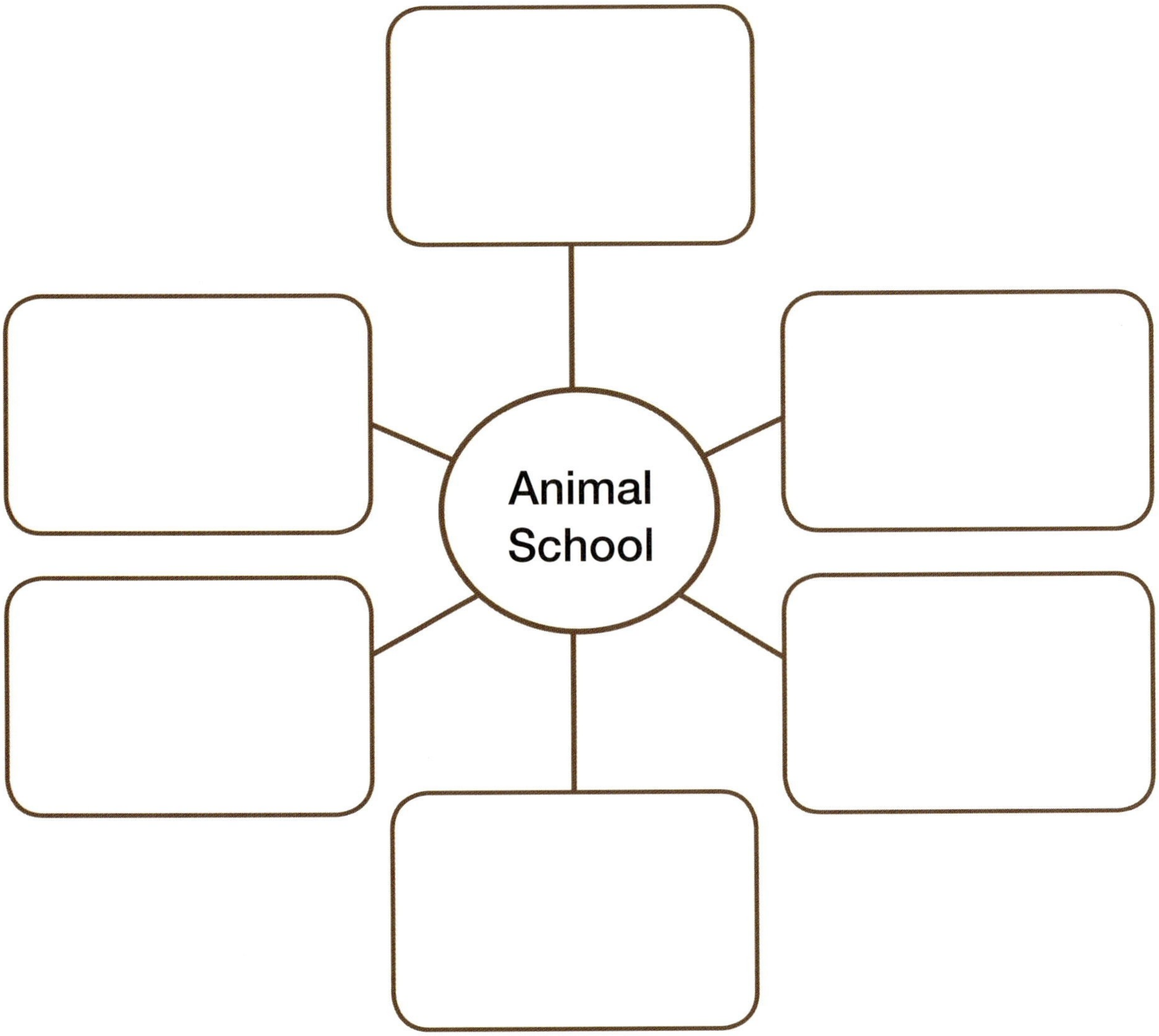
Animal School

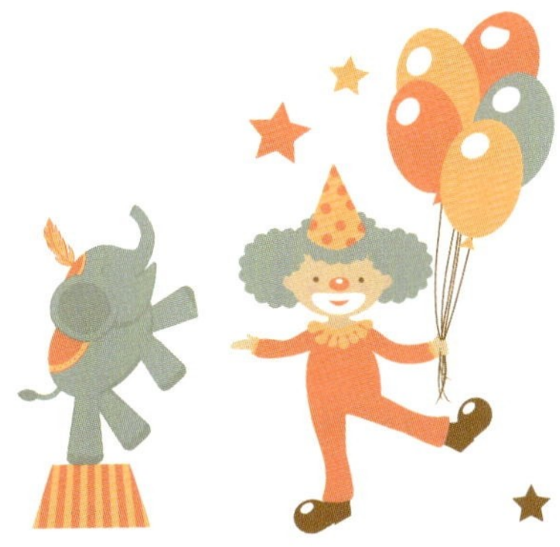

Insect War

Do you like insects? What would happen if they fought each other. Write a fun story about insects.

Word Bank

insect(s)

wasp

mantis

greedy

fight(fought)

bumblebee

<u>Insect War</u>

A long time ago there was a wasp and a mantis. The wasp was greedy. They fought and the mantis won. Then the wasp started to fight with a bumblebee. The mantis came to help the bumblebee. Then the wasp ran away.

Brain Storming: Plan your own journal

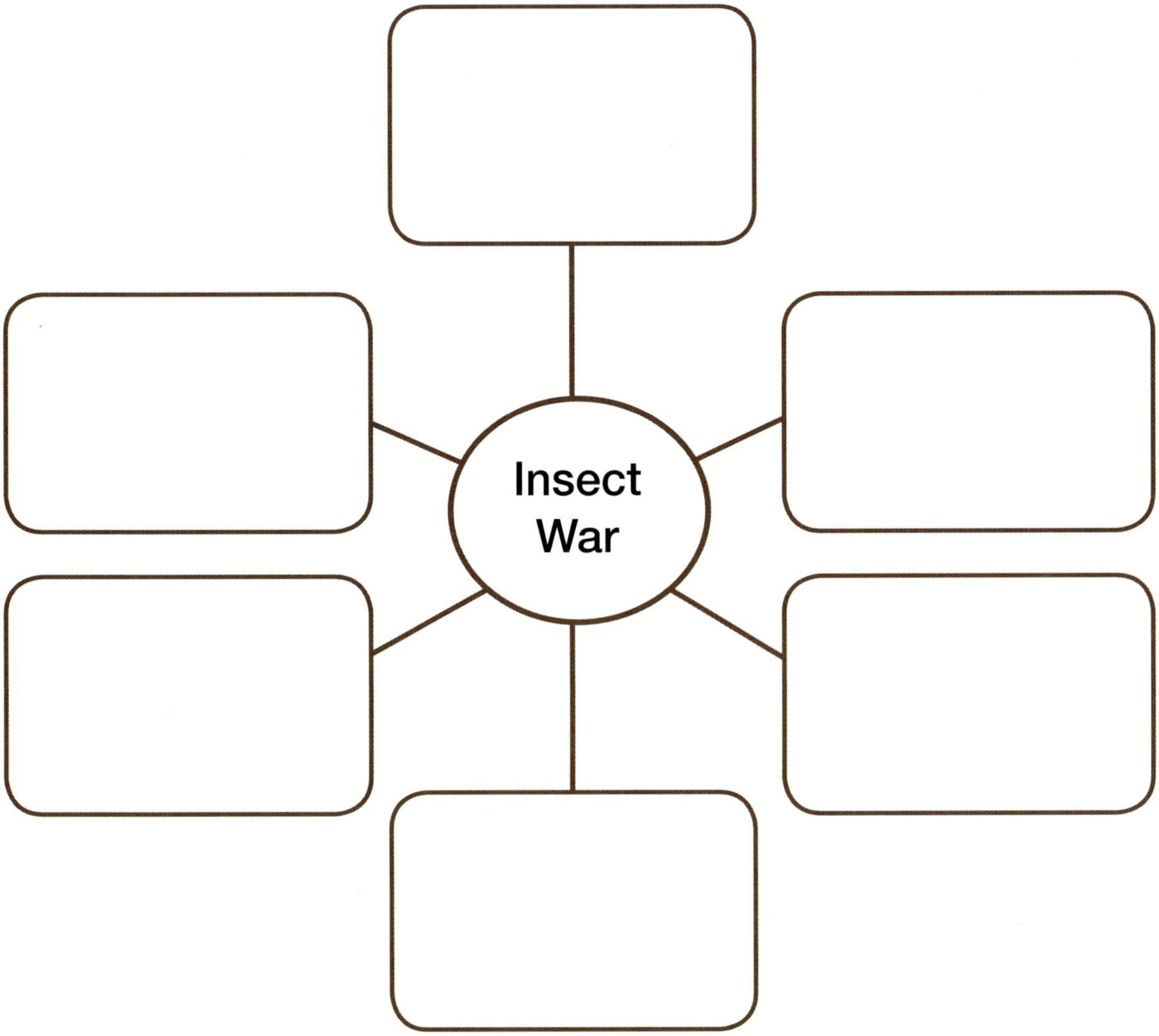

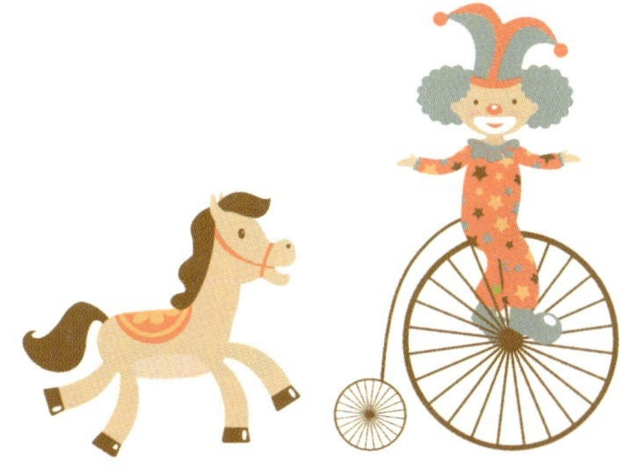

Journal Writing: Write your journal

Meet My Alien

Do you think there are aliens in the universe? What would they look like? Describe your alien.

Word Bank

Meet My Alien

Meet my alien from Mars. My alien can fly, swim, talk, and walk. My alien looks like a bird. He is 95 cm tall. He weighs 46 kg. He has two wings. He has four legs. Do you like my alien?

Brain Storming: Plan your own journal

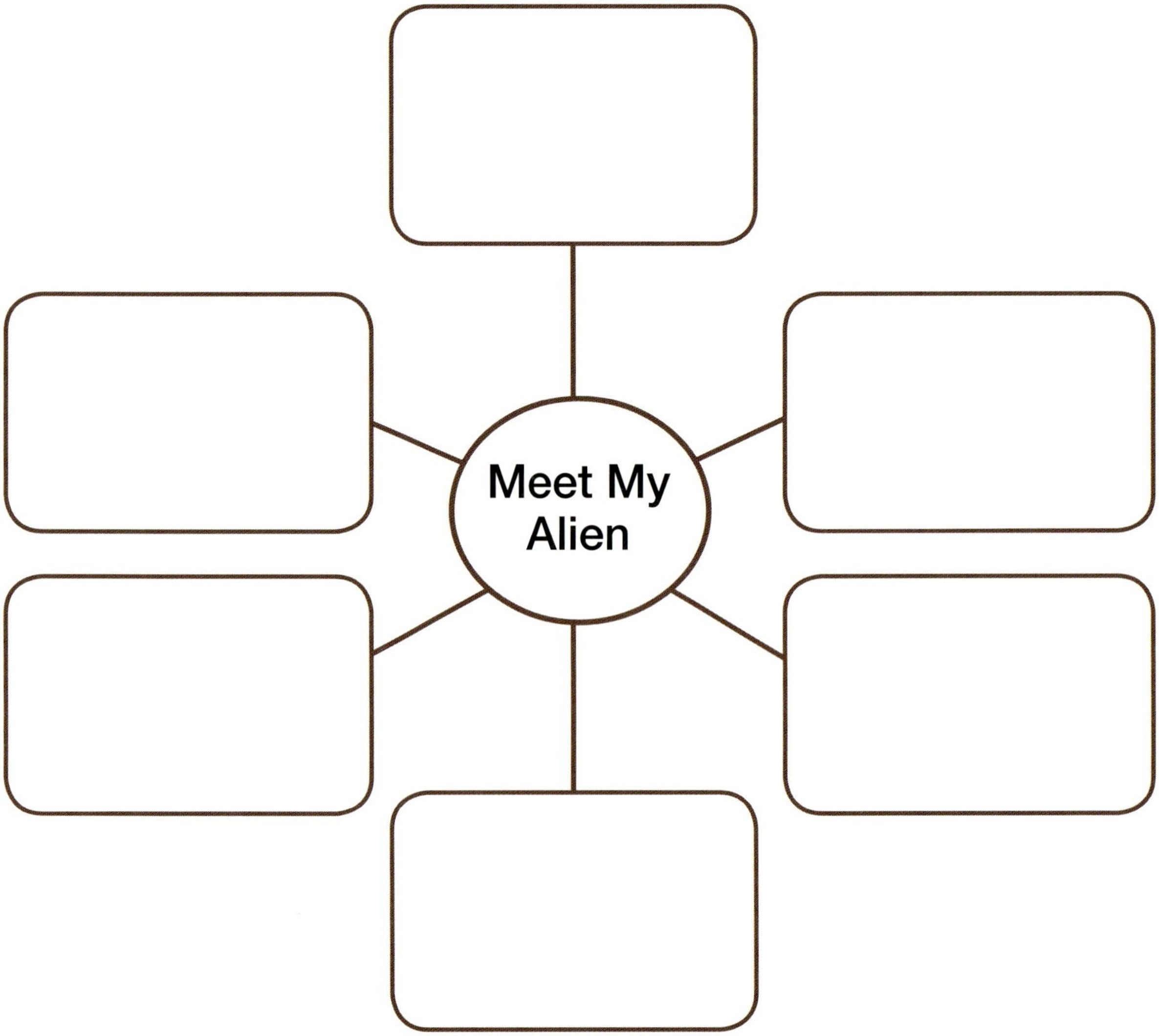

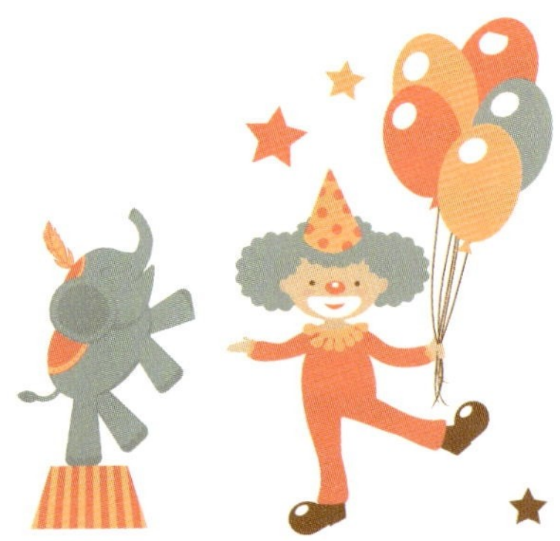

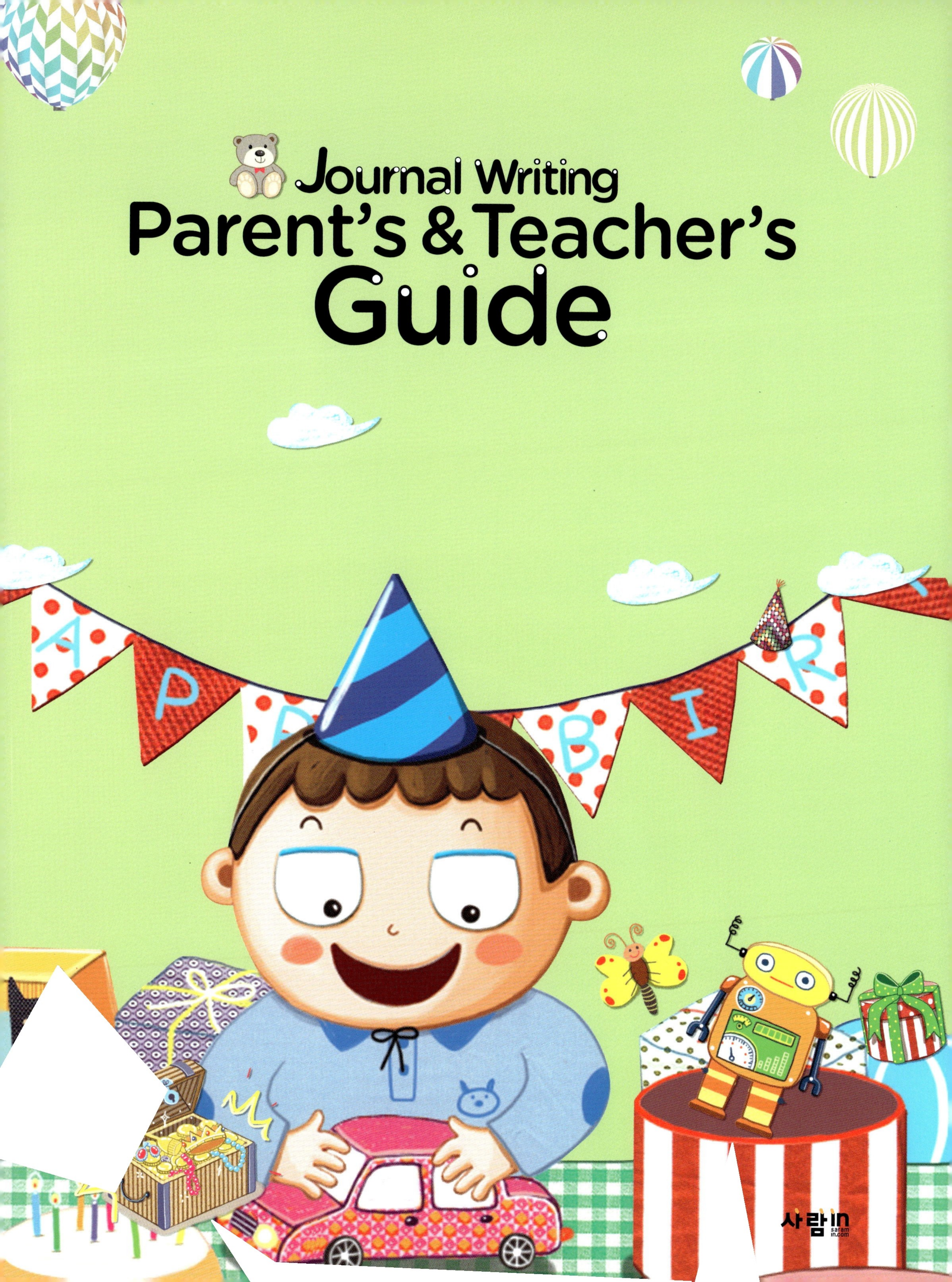
Journal Writing
Parent's & Teacher's
Guide
사람in
saram in.com

엄마책 Parent's & Teacher's Guide

1. 저널 쓰기 단계가 왜 중요한지 학습의 필요성을 꼭 읽어주세요.

파닉스를 마치고 사이트워드 단계를 거쳐, 그림묘사를 통해 글쓰기를 처음 시작한 아이들은 이제 제법 영어책도 많이 읽고 또 북리포트 쓰기 훈련을 통해 글의 구조나 흐름에 대해 이해하는 눈도 생겼을 것입니다. 아이들의 나이나 흥미 정도에 따라 짧게는 1년 남짓, 길게는 2~3년이 걸렸을 수도 있는 긴 여정이지요. 이 긴 여정은 결국에는 다양한 글을 읽고 제대로 이해한 다음, 자신이 생각한 바를 말이나 글로 잘 표현하기 위한 것입니다. 앞선 단계들은 모두 이해와 표현하는 힘을 위해 틀을 갖추는 것과 같지요. 때문에 글쓰기의 앞 단계는 궁극적으로 저널을 잘 쓰기 위한 준비 단계라고 할 수 있습니다.

저널(journal)이란 특정 주제에 대해 깊이 있게 쓴 글이나 기사, 잡지 등을 말하기도 하고, 개인이 쓴 일기를 뜻하기도 합니다. 다시 말해 주제에 맞추어 쓰는 모든 글을 저널이라고 할 수 있습니다. 아이들이 앞으로 만나게 될 모든 쓸거리는 거의 이 범주에 들어갑니다. 요즘에는 중학교에서도 주어진 주제에 맞추어 글을 쓴 다음 발표하는 것으로 수행평가를 하고, 공인 영어 시험 등에서도 늘 주제를 주고 주어진 시간 안에 글을 쓰게 하고 있습니다. 나아가 대학생이 되고 유학을 간다거나 전문 분야의 지식을 쌓아 그것을 발표하게 될 때도 역시 저널을 쓸 일이 많아집니다. 때문에 영작 훈련의 최종 목표는 결국 저널 쓰기라고 할 수 있습니다.

이러한 저널이 어떤 특징을 가지고 있고 어떻게 써야 하는지를 고학년으로 성장한 다음에 배운다면 무겁고 딱딱해서 지루함을 느낄 수 있지만, 초등 저학년에 자신이 좋아하는 흥미로운 주제로 자연스럽게 배우게 된다면 앞으로 고학년이 되어서도 이야기를 풀어내는 데 막힘이 없고 즐겁게 할 수 있습니다. 따라서 뒤에 이어지는 저널 쓰기 단계의 특징과 그 중요성에 대해 꼭 읽어주시고, 좀더 효율적이고 즐거운 방법으로 할 수 있도록 살펴주시기 바랍니다.

2. 아이들 글의 독자가 되어주세요.

우리는 흔히 영작문이라고 하면 논리적이고 유창한 영어로 되어 있어 문법이나 철자에 틀림이 없는 유려한 문장만이 최선이라고 생각합니다. 그래서 학원이나 학교에서 아이들의 영작을 평가할 때도 그런 '형식'에 치중하는 경우가 많습니다. 국어 작문 시간에 얼마나 글이 창의적인지, 읽는 이에게 감동을 주는지를 고려하는 것과는 차이가 있지요. 하지만 작문의 본질을 생각해보면 이야기는 간단해집니다. 우리는 왜 글을 쓸까요? 누군가 듣는 것을 전제로 말을 하는 것처럼, 글을 쓴다는 것 역시 누군가 읽어준다는 것을 전제로 합니다. 말이나 글의 본질은 그 주인의 생각이나 이해한 바를 표현하는 방법이니까요. 일기 역시 읽는 이를 염두에 두고 쓰지 않는다고 하더라도 언제고 자기가 읽으며 지난날의 자신을 떠올릴 수 있는 매개 역할을 합니다. 다시 말해서 영작문 역시 누군가 읽어주는 것을 전제로 할 때 그 의미와 동기가 생기는 것이고, 그런 글의 본질을 생각해 본다면 너무나 당연하게도 형식이 아닌 글의 '내용'이 중요해지는 것입니다.

특히 아이들의 경우에는 이러한 점이 매우 중요합니다. 정성을 들여 글을 써왔는데 선생님이나 부모님이 그 내용은 보지 않고 빨간 펜을 들어 틀린 철자나 문법만을 체크한 다음 점수를 매겨 버린다면 그 아이는 다시 글을 쓰고 싶은 마음이 생길까요? 자기가 슬펐던 순간에 대해 써 온 아이의 글을 읽고 등을 토닥여 주며 "많이 슬펐겠구나" 하는 선생님과 "여기 동사 과거형이 틀렸구나" 하는 선생님 중 과연 궁극적으로 어느 쪽이 아이의 영어 실력을 키워낼 수 있을까요?

영어도 결국에는 말이고 글이기 때문에 그 언어로서의 생명력이 살아 있도록 해주어야 영어 학습의 긴 여정이 성공적으로 이뤄질 수 있습니다. 누군가 내 글을 읽어준다고 생각해야 아이들은 신이 나서 글을 씁니다. 내 글을 평가하기 위해서가 아니라 내 이야기를 들어준다고 생각해야 또 글을 쓰고 싶은 마음, 더 잘 쓰고 싶은 마음이 생깁니다. 그 점을 꼭 기억해주시고 아무리 짧고 앞뒤가 맞지 않는 아이들의 글이라도 마음을 다해 읽어주세요. 절대 문법이나 철자를 먼저 지적하지 마시고 내용에 진심으로 관심을 가져주세요. 어릴 적의 그런 기억이 훗날 영어 학습을 성공으로 이끄는 가장 큰 힘이 됩니다.

3. 최소 이틀에 한번씩 규칙적으로 꾸준히 학습하게 해주세요.

영어는 언어이기 때문에 다른 과목과는 달리 절대적으로 투자하는 시간이 무엇보다 중요합니다. 수학적 재능이 있는 아이라면 남이 30분 걸려야 풀 문제들을 5분에도 풀 수 있고, 음악에 재능이 있는 아이라면 남들이 한 시간 연습해야 부를 수 있는 노래를 한두 번 불러보고 익힐 수도 있습니다. 하지만 영어는 제아무리 언어적 적성이 뛰어난 아이라도 충분한 시간을 들여 듣지 않고, 읽지 않고, 써보지 않고는 잘해낼 재간이 없습니다. 영어를 잘 하기 위해서는 충분히 노출해주는 것이 필수적입니다. 이전 단계의 학습에서 꾸준한 학습의 중요성을 여러 번 강조했던 것처럼, 영어에 꾸준히 노출해주는 것 역시 매우 중요합니다. 단기적으로 외워내는 암기 과목이 아니라 10년을 넘게 함께 해야 할 존재이기 때문에 무엇보다 꾸준히 접하는 습관이 필요합니다. 어린 시절 즐거운 활동을 통해 영어를 규칙적으로 접하면 이러한 습관이 쉽게 생깁니다. 고학년이 되어 억지로 시간을 맞추는 학습과는 근본적으로 다르지요.

본 교재의 글짓기 주제들은 아이들의 일상생활과 관심, 생각과 밀접하게 연관되어 있어 글쓰기에 쉽게 흥미를 느끼고, 글의 내용에 몰두하기 좋도록 선정되었습니다. 실제로 아이들과의 수업에서 아이들이 쓰기 좋아하는 주제를 엄선한 것이기 때문에 이 책을 접하는 아이들도 즐겁게 해나갈 수 있을 것입니다. 다만 그것이 한두 번의 즐거움에 그치지 않고, 부모님과 함께 또는 스스로 정한 시간에 꾸준히 해나갈 수 있도록 계획표도 함께 점검해주고, 적절한 상을 주면서 응원해주면 좋겠습니다.

4. 주어진 단계를 충실히 따라갈 수 있도록 해주세요.

본 교재는 총 24개의 토픽을 다섯 개의 챕터로 나누어 다루고 있습니다. 첫째 챕터는 'My Day(나의 하루)'로 아이들이 자신에게 가장 친숙한 일상생활을 주제로 이야기를 써 보도록 합니다. 잘 알고 있는 것에 대해 적는 것이라 비교적 생각해야 하는 부분이 많지 않아 부담 없이 주어진 주제에 맞추어 처음 글을 써보기 좋습니다. 둘째 챕터는 'My Favorite Things(내가 좋아하는 것들)'로 아이들이 자기가 좋아하는 동물, 책, 장소, 게임, 장난감에 대해 적으면서 글쓰기의 '내용'에 집중할 수 있도록 합니다. 좋아하는 것에 대해 쓰다 보면 자연히 흥미가 생기고 그러다 보면 문법이나 철자에 대한 걱정보다는 글의 내용에 빠져들기 쉽기 때문입니다. 셋째 챕터는 'My Feeling(나의 기분)'으로 앞서 두 챕터가 사실 묘사에 중점을 두었다면, 여기에서는 본격적으로 주제에 맞는 글을 쓰기 위해 내용을 생각하고 지난 일들을 떠올려 선택하는 과정이 필요합니다. 사실을 넘어서 감정을 묘사하는 다양한 주제들, 즉 기쁠 때, 화났을 때, 아팠을 때 등의 주제를 통해 느낌이나 생각을 쓰는 훈련을 합니다. 넷째 챕터는 'My Wish(내 소원)'로 여러 가지 상황들을 신나게 상상하여 글을 씁니다. 아이들이 가장 좋아하는 글감인 "내가 만일 ~"에 해당하기 때문에 이 단계를 거치면 아이들은 영작문이 즐겁다는 것을 알게 됩니다. 다섯째 챕터는 'Fun Story(재미있는 이야기)'로 기존에 딱딱하고 판에 박힌 작문 주제에서 벗어나 아이들의 상상력을 극대화할 수 있는 흥미로운 주제들을 만납니다. 영어로 수수께끼도 만들어보고, 곤충들의 전쟁 이야기며, 내 마음대로 상상하는 외계인의 모습까지 써보는 동안 영작문은 아이들에게 즐거운 놀이가 될 것입니다.

1 토픽에 맞춘 질문과 그림

아이들이 글의 주제를 쉽게 이해하고 자신의 생활과 연결해 쓸거리를 자연스럽게 떠올릴 수 있도록 하는 질문들입니다. 주어진 질문의 대답을 생각하다 보면 저절로 글의 내용을 구성하게 됩니다. 주어지는 두 개의 그림은 주제와 연관된 것들로, 이를 통해 글의 주제가 무엇을 말하는지 한눈에 알 수 있고 주제와 연관된 경험을 자연스럽게 떠올릴 수 있도록 도와주는 역할을 합니다. 그림을 보면서 글의 주제를 정확히 이해하며 자신이 쓸 글의 내용도 생각해봅니다.

2 단어

다음 페이지의 샘플 글을 이해하는 데 도움이 되는 단어나 아이들이 자신의 글을 쓸 때 도움이 될만한 단어들이 그림과 함께 주어집니다. 가이드북에 나온 우리말 뜻을 보기 전에 주어진 그림을 보고 단어의 뜻을 짐작해보는 과정을 거치도록 해주세요. 이렇게 이미지와 함께 단어의 뜻을 생각해보는 시간을 가지면 훨씬 이해가 빠르고 기억에도 오래 남는답니다. 다만 시각

적으로 표현될 수 있는 단어 위주로 선정하다 보니 추상적인 의미의 단어들에 대해 충분히 싣지 못한 점이 있습니다. 이 부분은 샘플 작문의 해석 부분과 유용한 구문 설명 부분에서 도움을 받을 수 있습니다.

3 또래 친구가 쓴 샘플 저널

주어진 주제에 대하여 실제 초등 저학년 친구가 쓴 샘플 저널(일기)입니다. 친구는 주제에 대해 어떤 생각을 했는지 엿보면서 글쓰기의 힌트도 얻고, 무엇보다 거창하게 써야 한다는 부담감을 덜 수 있습니다.

4 글의 계획 세우기

앞서 그림묘사하기와 북리포트 단계를 거친 아이들이라면 이러한 표(graphic organizer)에 어떤 내용을 써 넣어야 할지 잘 알 것입니다. 가운데 칸에 글의 토픽을 써넣고 주변의 빈칸에는 주제와 관련하여 생각나는 단어나 구문, 문장, 또는 그림 등을 채워 넣으면 됩니다. 실제 글을 쓰기 전에 이렇게 생각을 모으는 과정을 거치면 훨씬 풍부하고 주제에 충실한 글을 쓸 수 있습니다. 무엇보다 이러한 사전 과정이 습관이 되면 앞으로 어떤 글을 쓰든 자기도 모르게 미리 생각하고 계획한 다음에 쓰게 된답니다.

5 실전 글쓰기

계획한 내용의 글을 실제로 써봅니다. 작문은 아무리 많은 예문을 외우고 단어를 공부한다 해도 쉽게 늘지 않습니다. 한두 문장이라도 즐거운 마음으로 내용에 몰두하며 써볼 때 느는 것입니다.

5. 또래의 친구가 직접 쓴 샘플이라는 것을 꼭 알려주세요.

시중의 많은 작문 책들은 주제를 주고 그에 맞는 예문이나 유용한 구문, 단어 등을 나열하는 데에 그치는 경우가 많습니다. 마치 백과사전처럼 주는 많은 자료들은 어른들에게는 필요한 구문을 찾아 적도록 도와주는 역할을 할 수 있지만, 처음 작문을 시작하는 초등이나 유치 단계의 아이들에게는 적합한 방법이 아닙니다. 무엇보다 아이들의 눈높이에 맞는, 아이들이 쓰고 싶은 주제를 주는 것이 가장 중요하고, 아이들이 단 한두 줄의 엉터리 문장이라도 스스로 결과물을 만들어내도록 유도해주는 장치가 필요합니다. 과일 이름 백 개를 아는 것보다 I like apples(나는 사과를 좋아해요)라고 쓸 줄 아는 것이 값진 것입니다.

특히 대부분의 작문 책에서 주어지는 작문 샘플은 어른들이 쓴 경우가 많아 아이들의 공감을 이끌어내기 힘든 현실입니다. 어린이들의 작문 교재에서 작문 샘플이란 유려한 문장을 접해서 오류 없는 문장을 쓰도록 하는 데 목적이 있지 않습니다. 아이들이 또래 친구들이 직접 쓴 글을 보고 내용에 공감하게 되면 재미를 느끼게 되고, 이것이 작문활동의 흥미로 이어지게 될 때 꾸준히 할 수 있게 됩니다. 그러면 영작문 활동은 성공하게 되는 것이죠. 샘플 글은 아이들이 공감할 수 있는 것이 가장 중요하고, 무엇보다 '이 정도는 나도 쓸 수 있겠다'는 자신감을 주는 것이 중요합니다.

본 교재의 샘플 저널들은 실제 초등 저학년 아이가 쓴 것으로, 출판을 위해 철자나 문법의 오류 등은 고쳤지만 그 엉뚱하고 기발한 생각은 그대로 살아있습니다. 아이의 시각에서 쓴 글이기 때문에 유려함은 떨어질 수 있으나 친구들에게 공감을 일으키기에는 아주 좋습니다. 학습하는 아이들에게 또래 친구가 쓰고 그림 그린 글임을 꼭 말해주시고, 마치 친구와 즐거운 시간을 보내듯 자신의 글을 쓸 수 있도록 이끌어주세요.

저널 쓰기 학습의 필요성

1. 저널 쓰기란 무엇인가요?

　저널(journal)이란 글의 형식을 말하는 것이지만, 글쓰기의 거의 모든 형태를 포괄하는 큰 개념을 지니고 있습니다. 우리가 흔히 접하는 신문 기사나 논평도 저널이고 대학에서 쓰는 리포트, 학술지에 발표된 글, 심지어 개인이 쓰는 일기까지도 저널이라고 합니다. 주제에 따라 글 쓰는 이의 생각이나 견해, 어떤 일에 대한 이해 등을 담을 수 있기 때문에 매우 광범위하게 사용되고 있기도 합니다. 예를 들어 일반적으로 영문 에세이라고 하면 저널보다 필자의 견해나 주장이 더 논리적이고 분명하게 드러나는 글을 이야기하지만 이 역시 에세이 저널이나 저널 에세이 등으로 일반적으로는 뚜렷한 구분 없이 쓰이고 있습니다.

　이렇게 넓은 범위에서 사용되는 저널이라는 글의 형태가 아이들에게는 어떤 의미가 있을까요? 우리 아이들이 영어를 배워 실제 영어를 쓰게 되는 경우는 우선 중고등학교에서 쓰는 간단한 작문, 그에 이어지는 짧은 스피치 정도가 있을 것이고, 공인 인증 시험에 나오는 작문 파트가 있으며, 대학에 가거나 유학을 간다면 그 활용도는 더 넓어질 것입니다. 하지만 이 모든 글, 즉 '저널'이라는 이름으로 쓰여지는 다양한 일기, 에세이, 감상문 등에는 중요한 공통점이 있습니다. 즉 '주어진 주제에 맞추어' 글을 쓴다는 것입니다.

　작문을 시작하는 초기에 아무리 간단한 문장이라도 주제에 맞추어 풀어내는 훈련이 되는 것이 아주 중요합니다. 미국의 엄마들이 어린 아이들에게 시키는 일종의 지능개발 훈련 중에, 주어진 네 가지의 보기 중에 하나를 골라내는 활동이 있습니다. 예를 들어 "사과, 딸기, 수박 과일"이 문제라면 무엇이 답일까요? 물론 '과일'이 답입니다. "운동화, 구두, 장화, 가방" 중에는 무엇이 답일까요? '가방'이 답입니다. 다른 세 개의 단어를 포괄하는 주제어(과일)를 고르거나 주어진 단어들과는 범주가 다른 답(가방)을 고르게 하는 것입니다. 이런 문제들은 초등 2학년까지 선생님이 쉼 없이 시키는 활동이기도 합니다. 다시 말해 서구식 글쓰기의 핵심인 '주제'에 맞춰 글 쓰는 활동이 아주 어렸을 때부터 이루어지고 있는 것입니다.

　우리 아이들도 더 이상 영작 활동을 영어만을 배우는 시간이라고 생각하지 않고, 논리적이고 풍부하게 글을 써나가는 전반적인 글쓰기의 훈련 과정으로 생각하면 좋겠습니다. 여기에 조금 더 욕심을 낸다면 논지가 분명하게 드러나야 하고, 구체적 예가 풍부하게 들어가야 하는 서구식 글쓰기의 특징까지 배울 수 있다면 더욱 좋을 것입니다. 지금 단어 하나, 구문 하나 더 외우는 작문이 아니라 멀리 보고 크게 보는, 제대로 된 글쓰기를 위해 처음부터 차근차근 준비해 간다는 마음이었으면 합니다.

2. 결국은 저널 쓰기가 목표! 영작문 교재 어떻게 고르죠?

　글쓰기 능력을 제대로 향상시키기 위해서 주제에 맞추어 글을 쓰는 훈련이 중요하다고 했는데요, 무엇보다 꾸준히 이루어져야 하는 활동인 만큼 어떤 교재를 골라야 할지 선택의 기준을 갖는 것이 중요합니다. 첫째는 교재 속의 글의 토픽, 즉 주제가 아이들의 눈높이에 맞는가 하는 것입니다. 아이들은 글의 주제에 따라 얼른 글을 쓰고 싶은 마음이 생기기도 하고, 바로 흥미를 잃어버리기도 합니다. 하고 싶은 말이 많아야 글도 풍부해지는 법입니다. 아이마다 좋아하는 것과 성향이 다르니 모든 주제가 모든 아이들에게 다 흥미로울 수는 없겠지만, 아이들의 눈높이를 벗어난 딱딱하고 이해하기 어려운 주제가 주로 들어 있다면 기본적으로 좋은 교재라고 할 수 없습니다.

　둘째, 예문과 단어만 가득 있어 번드르르하게 꾸민 책보다는 아이들이 직접 써볼 수 있도록 체계적으로 학습의 단계를 제시해주고, 실제 쓸 수 있는 공간까지 주는 교재가 좋습니다. 예문의 나열은 많은 정보를 주는 것 같지만 실제로는 아이들의 학습

의욕을 떨어뜨리고, 아이들이 스스로 문장을 만들기보다는 예문 중에 골라서 베끼려는 습관을 갖게 합니다. 따라서, 간단하고 서툰 문장이라도 스스로 만들어서 직접 써보는 과정이 꼭 필요합니다.

셋째, 교재에서 주어지는 작문 샘플은 아이들에게 공감을 주고 흥미를 일으켜서 자신도 쓰고 싶다는 의욕이 생기도록 하는 것이어야 합니다. 무미건조하게 쓴 어른들의 글로는 엉뚱하고 온갖 기발한 생각으로 가득한 아이들의 관심을 끌기 쉽지 않습니다. 때문에 교재를 고르실 때 예문이 있는 경우라면 과연 아이들이 흥미를 느낄 만한 것인지 살펴보시기 바랍니다. 훌륭한 예문을 베끼고 외우는 것도 효과적인 학습 방법이 될 수 있지만, 이제 막 작문을 시작하는 어린이들에게는 오히려 영어에 대한 재미와 성취감을 떨어뜨리는 부작용을 낳을 수도 있습니다.

3. 저널 쓰기를 잘하려면 어떻게 해야 하죠?

'어떻게 하면 우리 아이들이 영작을 잘하게 될까요?' 부모님들이 늘 하는 질문입니다. 영어책을 곧잘 읽고, 문제도 잘 푸는 아이의 경우에도 유독 글쓰기만은 싫어하고 잘하지 못하는 경우가 있기 때문에 더욱 그렇습니다. 이런 경우, 꼭 짚어보셔야 할 점은 우리 아이가 쓴 글에 좋은 '독자'가 있었는가 하는 것입니다. 여기서 말하는 독자란, 글을 첨삭해주시는 선생님이나 숙제를 체크해주시는 부모님, 친구나 형제자매 등 아이의 글을 읽어줄 수 있는 모든 사람을 의미합니다. 과연 주변 사람들이 아이의 글을 보고 문법이나 철자가 아닌 글의 내용에 함께 공감해준 적이 있나요?

미국의 작문 선생님들을 대상으로 한 워크숍이 있었습니다. 강사로 나선 분은 어떤 아이가 쓴 한 장의 글을 참가한 선생님들에게 읽어주고, 당신이 만약 이 아이의 선생님이라면 제일 먼저 어떻게 하겠느냐를 물었습니다. 글은 할아버지가 돌아가셨을 때 병원에 갔던 경험에 대한 내용이었습니다. 선생님들은 저마다 글을 풍부하게 할 수 있는 좋은 질문들과, 훌륭한 피드백을 이야기했지만 아무도 강사의 질문에 정답을 맞추지는 못했습니다. 그 아이의 글을 읽은 선생님이 제일 먼저 해야 하는 일은 무엇일까요? 답은 학생을 꼭 안아주는 것이었습니다. 왜? 사랑하는 할아버지가 돌아가셨으니까요. 너무나 당연한 이야기지만 선생님들은 아이들의 글을 보면 내용에 공감해주기보다는 글을 고쳐주고 향상시켜주어야 한다는 생각을 먼저 하는 경우가 많습니다. 하지만 누군가 내 글을 읽고 마음으로 공감해주지 않는다면 다음에도 열심히 글을 쓰게 될까요?

작문 실력 향상에 읽어주고 들어주는 사람의 힘이 얼마나 큰지 알 수 있는 또 다른 예가 있습니다. 제가 가르쳤던 교실에서 실제로 아이들을 관찰했던 내용입니다. 일주일에 한번씩 아이들과 재미있는 이야기 쓰기를 하고 한 명씩 돌아가면서 앞에 나와 자신의 글을 읽도록 했습니다. 아이들은 다른 친구가 읽을 때면 금세 산만해졌고, 집중력이 떨어졌습니다. 읽는 아이도 대충 읽고 들어가기 일쑤였지요. 그래서 한 가지 방법을 생각해냈습니다. 그날 읽은 이야기 중에서 가장 재미있는 이야기를 투표로 뽑기로 한 것입니다. 단, 영어 문장이 맞나 틀리나 하는 점은 전혀 고려하지 않고 오로지 '이야기가 재미있는가'만을 기준으로 삼도록 했습니다. 아이들이 발표할 때 묘사가 구체적으로 된 부분은 아주 좋다고 칭찬을 많이 해주기도 했습니다. 친구의 이야기를 듣고 난 후 질문을 하는 아이에게도 칭찬을 해주었습니다. 한 달 후 놀라운 변화가 일어났습니다. 아이들은 투표를 해야 하니 친구의 이야기를 열심히 듣기 시작했고, 저마다 재미있는 글을 쓰기 위해 더 길게, 더 많이 쓰려고 쉬는 시간까지 이용하기 시작한 것입니다. 누군가 자신의 글을 읽어줄 것이라는 확신이 있을 때, 글을 쓰는 아이들은 신이 납니다. 철자를 모르는 단어 하나 때문에 망설이는 일 없이 신나게 이야기를 풀어가는 것이죠.

작문을 잘하게 하는 가장 중요한 방법이 열심히 들어주고 읽어주는 것이라면, 둘째는 글의 문법이나 철자 같은 형식이 아니라 내용에 먼저 귀를 기울여주는 것입니다. 아이들의 영어는 첨삭으로 성장하지 않습니다. 고쳐준다고 해서 다음에 같은 실수를 하지 않을까요? 그렇지 않습니다. 그건 어른들에게도 힘든 일입니다. 특히 아이들의 경우는 읽기나 듣기 등의 다른 영역을 꾸준히 접하면서 작문에서도 발전된 모습을 나타내게 됩니다. 빨간 펜으로 고쳐주는 것은 부모님들의 만족일 뿐입니다. 이렇게 아이의 글에 손을 대는 것은 효과적이지 않은 학습법일 뿐 아니라 영어를 싫어하게 만드는 지름길이기도 합니다. 아무리 열심히 써 가도 틀린 부분만 이야기하면 또 쓰고 싶은 생각이 당연히 들지 않을 것입니다. 아이들과의 수업시간에 미니북을 만든 적이 있습니다. 아이가 그림을 그리고 이야기도 적어 넣어 애써 만든 소중한 책이었습니다. 여기에 틀린 부분이 발견된다고 빨간 펜으로 첨삭을 하면 어떻게 될까요? 아이는 다시는 정성 들여 미니북을 만들고 싶지 않을 것입니다. 저는 아이들에게 미니북을 한 페이지씩 공책에 옮겨 적도록 한 다음 틀린 곳을 표시해 먼저 자기가 실수를 찾아 고쳐보게 하고, 그래도 모르면 그때 가르쳐주는 방식을 선택했습니다. 또한 불가피하게 점수를 주어야 하는 경우가 있다면 1부터 10까지 10점 만점으로 주기보다는 91부터 100까지 점수를 주는 것이 좋습니다. 왜냐하면 이 단계에서 상하가 분명히 보이는 점수를 받는 것은 불필요하게 아이의 의욕을 꺾기 때문입니다.

마지막은 글을 쓰기 전에 꼭 계획을 세우는 습관을 들이는 것입니다. 본 교재의 이전 단계인 그림 묘사하기나 북리포트 쓰기를 거친 아이들은 표를 이용해 글을 정리하는 데 익숙할 것입니다. 이를 역으로 이용하여, 표를 먼저 만들고 그것을 바탕으로 글을 쓰게 되면, 한결 논리적이고 내용이 풍부한 글이 됩니다. 특히 이러한 습관은 아이들이 자라 중고등학교에 가서 에세이를 쓰거나 더 성장하여 본격적인 글을 쓸 때 더욱 빛을 발합니다. 지금은 재미있게 표를 채우는 활동으로 인식시키되 간단하게라도 꼭 거치고 갈 수 있게 해주세요.

4. 성공적인 작문 쓰기를 위해 어떤 점을 주의해야 하죠?

영작문을 잘하는 방법에 대해 이미 말씀 드렸으니, 여기에서는 주의사항만 간단히 짚어보겠습니다. 첫째, 내 경험이 아닌 주어진 예문을 외우게 하지 마세요. 교재에 들어있는 예문을 학습하는 것은 좋지만 나와는 상관없는 것까지 외우게 하는 것은 아이들에게 아무 효과가 없습니다. 다음에 그 문장이 필요한 상황이 나와도 꺼내 쓰기는 거의 불가능합니다. 그보다는 아이가 쓰고 싶어하는 내용을 여기저기 찾아가며 문장을 만들어보거나, 비슷한 내용을 담은 문장을 찾아 조금씩 바꾼 다음 자기 글에 이용하게 하면 좋습니다. 하지만 이 역시 완전히 자기 힘으로 만든 문장이 아니면 금세 잊기 쉽기 때문에 자꾸 써보도록 해주어야 합니다.

둘째, 작문은 무조건 많이 그리고 꾸준히 쓰는 것이 중요합니다. 말도 많이 해봐야 느는 것처럼 쓰는 것도 자꾸 써봐야 실력이 늘고 재미도 붙이기 쉽습니다. 많은 부모님들이 아이가 영작을 못한다고 걱정을 하시지만 막상 상담을 해보면 실제로 꾸준히 써 본 아이는 매우 드뭅니다. 교재를 이용하여 학습을 마쳤다면, 공책을 한 권 준비하여 다시 한번 같은 주제들로 글을 써보게 해도 좋습니다. 방법보다는 꾸준히 투자하는 시간과 습관이 더 중요합니다.

5. 저널 쓰기 다음엔 어떤 학습을 해야 하나요?

이제 Writing T Kids 작문 시리즈의 다섯 권을 모두 마쳤습니다. 아무리 좋은 교재가 있어도 이 다음에는 무엇을 해야 할까 불안하기 마련입니다. 특히 꾸준히 학습해야 하는 작문의 경우에는 매번 학습 방법을 고르는 것도 쉽지 않은 일입니다. 이럴 때는 작문 공책을 준비한 다음 이미 학습한 작문 교재에서 주제만 다시 적고 새로 글을 써보도록 하면 좋습니다. 이렇게 하면 비슷한 내용을 쓴다 하더라도 조금 더 발전한 자신의 문장을 보면서 즐거움을 느끼게 되고 점점 풍부한 글을 쓸 수 있게 됩니다. 같은 교재의 주제를 다시 한 번 쓸 경우, 배운 문법 내용을 이용하여 더 정확한 글을 쓰고자 노력해볼 수도 있습니다. 예를 들어, 처음 쓸 때는 내용에만 중점을 두어 과거형 동사에 신경을 쓰지 않았다면, 두 번째 쓸 때에는 과거형 동사들을 염두에 두면서 맞는 형태를 쓰게 해보는 것입니다.

앞서 이야기한 것처럼 영작은 작문 쓰기 연습만 많이 한다고 늘지 않습니다. 다른 영역, 다시 말해 듣기나 읽기 등이 병행되어야 작문도 발전하게 됩니다. 때문에 많이 읽고 열심히 듣는 것도 중요한 작문 학습의 한 방법입니다.

또한 영작 실력은 영어 자체의 실력만으로 좋아지지 않습니다. 아무리 많은 단어를 알고, 문장을 잘 쓸 수 있다고 해도 아이의 성장 속도에 맞추어 이해력과 사고력이 충분히 발달하지 않으면 결코 좋은 글을 쓸 수 없습니다. 작문을 시작하는 초반에는 영어 표현을 배우는 대로 주제에 맞추어 적으면 되기 때문에 이러한 부분이 큰 어려움이 되지 않지만, 학년이 올라가다 보면 실력이 늘어가는 듯 하다가 어느 순간 정체되는 듯한 시기가 옵니다. 이때는 실력이 그대로인 것에 조급해하기보다는 아이의 일기나 학교에서 쓴 국어 작문을 한번 살펴봐 주세요. 영작에서 보이는 한계가 한글로 쓴 글에서도 보일 것입니다. 그런 시기에는 책을 깊이 있게 읽고, 또 다양하게 들으면서 두 언어에서 사고력과 논리력이 함께 성장할 수 있게 해주어야 합니다.

유년 시절에 실수할까 걱정하지 않고 마음껏 이야기를 풀어냈던 즐거운 기억은 아이들이 성장하면서 영어 작문을 하는 내내 빛을 발할 것입니다. 단순히 점수를 잘 받기 위한 영어가 아니라 우리 아이들의 미래에 중요한 소통의 도구, 더 넓은 세계를 열어주는 열쇠가 될 수 있도록 한걸음 한걸음 꾸준히 해 나갈 수 있게 부모님들과 선생님들께서 응원해주시길 바랍니다.

비가 오는 날에는

첫 번째 챕터는 'My Day – 나의 하루'로 아이들의 일상과 가장 밀접한 것에서부터 출발하여 작문에 대한 부담감을 줄이는 단계입니다.

'비가 오는 날에는'은 일상 중에서도 아이들이 감정적으로 조금은 다른 느낌을 가질 수 있는 비 오는 날의 기억을 떠올려 글쓰기로 연결해봅니다.

비가 와서 나가 놀지 못해 속이 상했다거나, 양말이 젖어서 싫다거나 하는 안 좋은 기억도 좋고, 장화를 신고 물장구를 쳤다거나 엄마가 우산을 가져다 주셔서 좋았다거나 하는 좋은 기억도 좋습니다.

작문 샘플을 보면서 사소한 것일수록 구체적으로 쓰면 좋은 글이 된다는 것을 느낄 수 있도록 해주세요.

거창하고 특별한 내용을 써야만 좋은 글이 아니라는 점이 이 주제의 핵심입니다.

On rainy days, what do you do? How do you feel? Look at the pictures below. Think of your own experience!

비오는 날 친구는 무엇을 하나요? 기분은 어때요? 아래 그림을 보세요.
자신의 경험을 한번 떠올려 보세요.

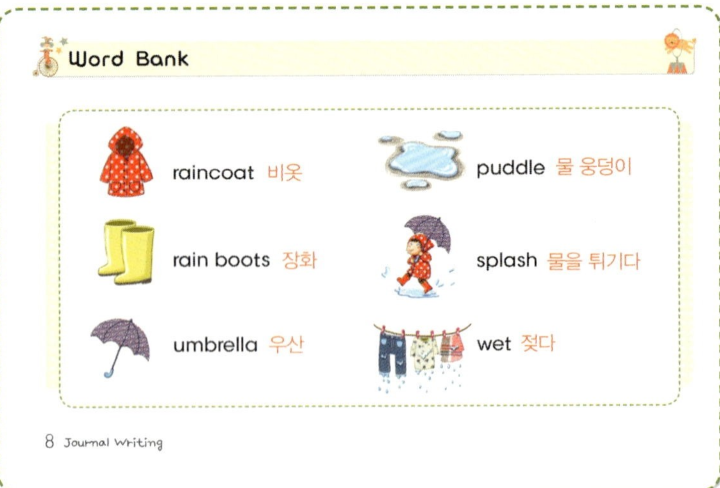

Word Bank

raincoat 비옷		puddle 물 웅덩이	
rain boots 장화		splash 물을 튀기다	
umbrella 우산		wet 젖다	

8 Journal Writing

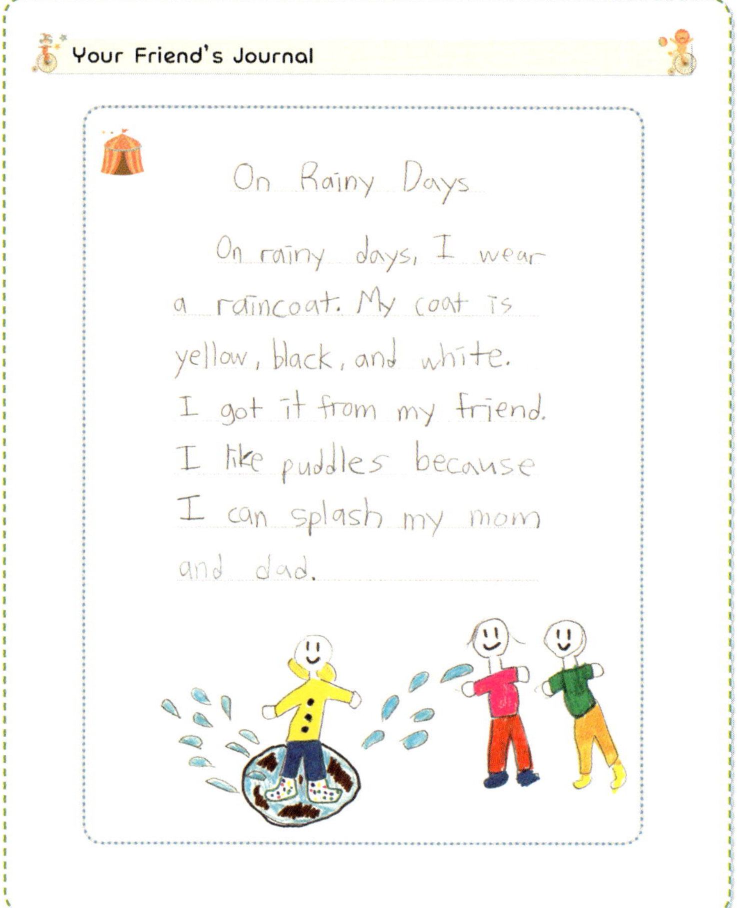

I got it from ~
나는 그것을 ~에게 받았다

got은 get(얻다)의 과거형으로, "나 그거 ~ 한테 받았다" 하는 표현은 실제 아이들의 생활에서도 많이 쓰이는 표현입니다. 친구한테 얻은 것이라면 I got it from my friend. 할머니께 선물로 받은 것이라면 I got it from my grandmother. 라고 바꾸어 표현해주면 됩니다.

On Rainy Days

On rainy days, I wear a rain coat.
비가 오는 날에는 나는 비옷을 입어요.

My coat is yellow, black, and white.
내 비옷은 노랑, 검정, 하얀색으로 되어 있어요.

I got it from my friend.
내 친구가 준 거예요.

I like puddles because I can splash my mom and dad.
나는 물웅덩이가 좋아요, 왜냐하면 엄마랑 아빠한테 물을 튀길 수 있기 때문이에요.

Topic 2: After School

방과 후에

'방과 후에'는 하루하루 거의 비슷한 아이들의 일상 중에서도 차별성을 드러낼 수 있는 좋은 소재입니다.

학교를 마치고 각각 어떤 활동을 하는지 이야기해보면서 이전의 작문 단계에서 배웠던 다양한 활동 이름이나 요일 등을 활용하여 자신의 글을 써볼 수 있도록 합니다.

작문 샘플을 보면서 영어학원에 다니는 것이나 수영을 배우러 다니는 것을 얼마나 쉽게 표현할 수 있는지 느껴보고 자신감을 갖도록 합니다.

간단한 문형과 학습했던 단어들로 자신의 일상을 표현할 수 있어 아이들이 신나게 작문할 수 있습니다.

What do you do after school? Look at the pictures below. Tell us about your fun activities.

학교를 마치면 무엇을 하나요? 아래 그림을 보세요. 즐거운 활동들에 대해 이야기해 보세요.

Word Bank

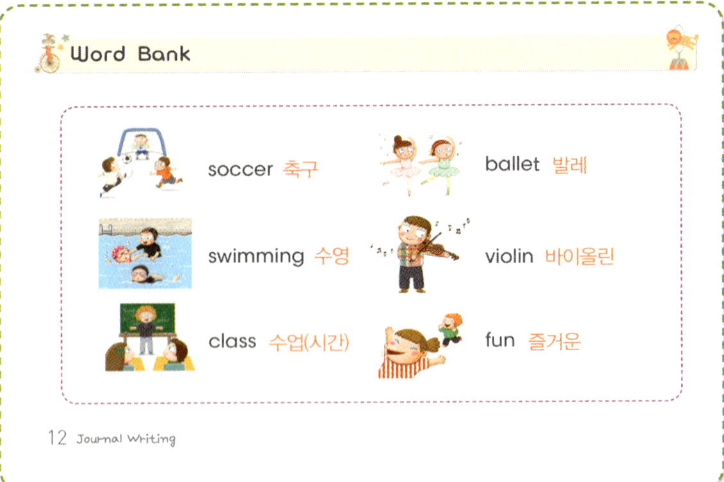

12 Journal Writing

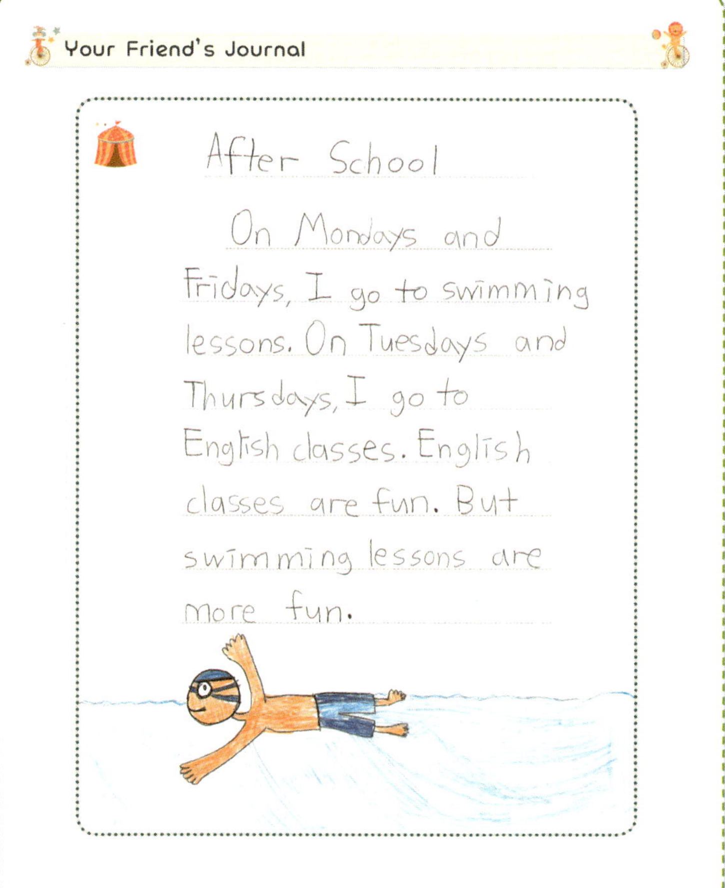

아이들이 잘 쓰는 표현 찾아보기 2

~ are more fun.
"~이 더 재미있다"

아이들은 비교하는 것을 좋아합니다. 누가 더 크다거나 빠르다거나 하는 것부터 잘하나 못하나까지 늘 비교하며 이야기하지요.

"무엇이 더 재미있다"라는 표현 역시 아이들의 단골 표현입니다. 수영 수업이 더 재미있다면 "Swimming lessons are more fun." 하면 되고,

축구 하는 것이 더 재미있다면 "Playing soccer is more fun." 하면 됩니다. 자기가 좋아하는 것을 이야기할 때 다양하게 활용해보게 해주세요.

After School

On Mondays and Fridays, I go to swimming lessons.
월요일과 금요일엔 나는 수영 수업에 가요.

On Tuesdays and Thursdays, I go to English classes.
화요일과 목요일엔 나는 영어 수업에 가요. (*영어학원에 간다고 할 때도 이 표현을 씁니다.)

English classes are fun.
영어 수업은 재미있어요.

But swimming lessons are more fun.
하지만 수영수업이 더 재미있어요.

내 애완동물

'내 애완동물'은 아이들이 좋아하는 애완
동물에 대해 글을 써볼 수 있도록 합니다.

아이들이 가장 갖고 싶어하는 귀여운 강
아지도 좋고, 거북이나 물고기, 또는 이구
아나처럼 독특한 동물 친구에 대해 쓰면
서 크기나 색깔 등도 묘사해보고 행동도
표현해볼 수 있는 기회를 가집니다.

자기가 애완동물을 직접 기르지 않아도
갖고 싶은 것에 대해 쓰거나 친구의 동물
에 대해 써도 좋습니다.

일상 속 친숙한 소재를 간단하게 묘사하
는 것으로도 훌륭한 작문이 될 수 있다는
것을 경험하게 해주세요.

Do you have a pet? What is it? If you don't have a pet, tell us about your
favorite pet.

애완동물을 가지고 있나요? 어떤 거예요? 애완동물을 가지고 있지 않다면 좋아하는
애완동물에 대해 얘기해보세요.

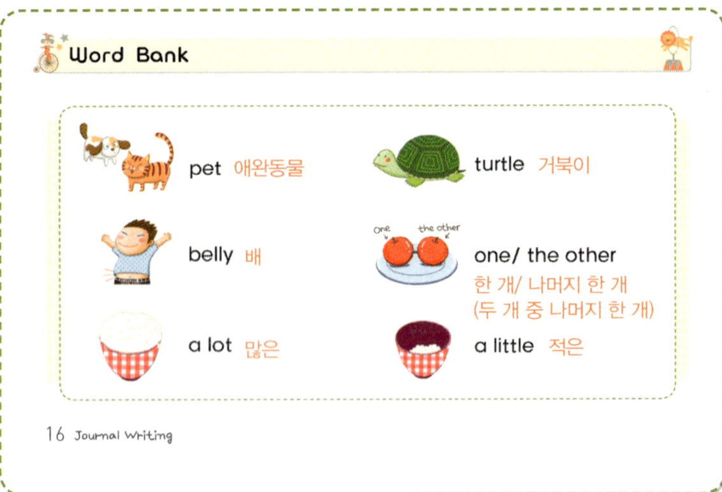

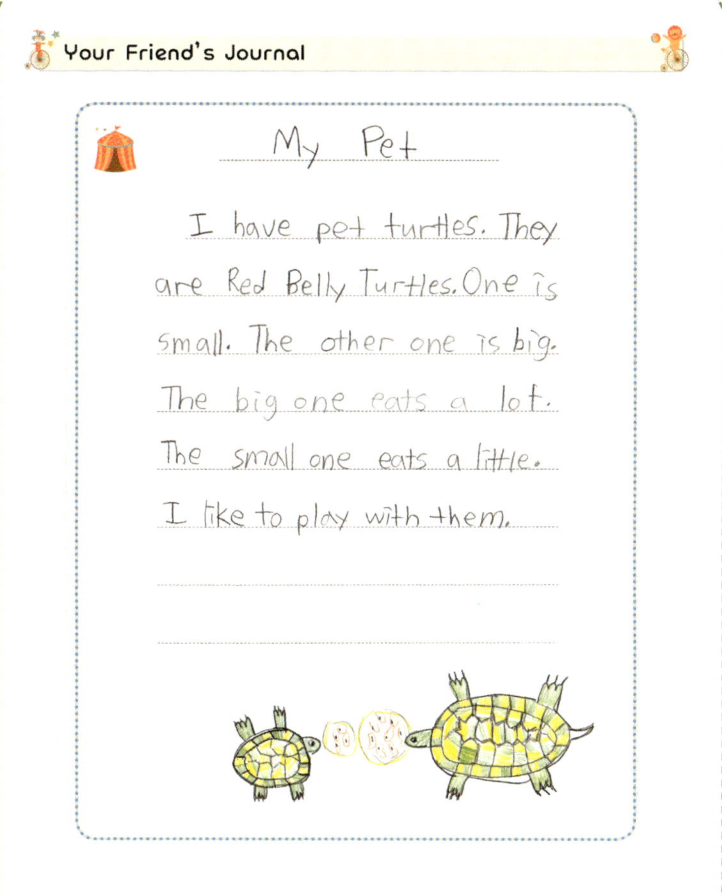

the big one / the small one
(큰 것/ 작은 것)

사물의 명칭을 정확하게 대지 않고 어떤 '것'으로 칭하는 것은 아이들의 말이나 글에서 매우 흔하게 나타나는 현상입니다. 하지만 영어를 모국어로 쓰지 않는 우리 아이들의 경우 이를 영어로 표현하기가 쉽지 않은데요, 이때 쓰이는 표현이 'one' 입니다. 예를 들어 사탕을 고를 때 "저는 빨간색 주세요"를 말한다면 빨간 사탕은 red one이 되는 것이죠.

My Pet

I have pet turtles. 나는 애완 거북이들을 가지고 있어요.

They are Red Belly Turtles. 그 애들은 "붉은 배 거북" 종류예요

One is small. The other one is big. 하나는 작고, 다른 하나는 커요.

The big one eats a lot. 큰 것은 많이 먹고요.

The small one eats a little. 작은 것은 조금 먹어요.

I like to play with them. 나는 그 애들과 노는 것이 좋아요.

난 울었어요

'난 울었어요'는 아이들의 일상 중에서 울었던 기억을 구체적으로 떠올려 힘들고 슬펐던 순간에 대해 적어봅니다.

우는 것은 창피한 일 같지만 실제로 초등 3, 4학년 아이들까지도 우는 일이 종종 있기 때문에 감정적으로 몰입해 보기에 좋은 소재입니다.

작문 샘플을 보면서 다른 친구는 언제 우는지 살짝 엿보면 자기의 마음을 털어놓기 훨씬 쉬워집니다.

숙제나 공부할 것이 많아서 울었던 일, 또는 친구들과 놀다가 문제가 생겨 울었던 일 등 지난 기억을 떠올리게 해주세요.

Do you cry often? When have you cried? What made you cry?

자주 우는 편인가요? 언제 울었었나요? 무엇 때문에 울었었죠?

I cried because ~
"나는 울었어요, 왜냐하면 ~"

because는 '~때문에'라는 원인을 나타내는 말로 아이들이 이해하기 쉽도록 앞에서부터 해석하면 "왜냐하면"에 해당됩니다. 이렇게 원인을 이야기하는 것은 아이들의 언어 습관에서 자주 관찰할 수 있는 부분이기 때문에 because의 용법만 잘 알아두어도 표현의 폭을 훨씬 넓힐 수 있습니다. "I cried because I had to go(나는 울었어요 왜냐하면 가야 했기 때문에요)."처럼 다양하게 적용해보도록 해주세요. 경험을 이야기하는 글이지만 아직은 과거시제를 표현하는데 큰 비중을 두지 않아도 좋습니다.

I cried

Last time I cried was two hours ago.
내가 마지막으로 운 것은 두 시간 전이에요.

I had to do a book report.
나는 독서감상문(독후감)을 써야 했어요.

I cried because I had to read a long, long book.
나는 길고 긴 책을 읽어야 했기 때문에 울었어요.

Usually I cry when I write journals.
보통 나는 글짓기를 할 때 울어요.

It is so hard. (글짓기 하는 것은) 너무 어려워요.

나의 여름 방학

'나의 여름 방학'은 아이들의 일상 중에서도 아주 특별한 시간이기 때문에 즐겁게 글을 쓸 수 있는 단골 소재입니다.

여름이라는 시간적 특성상 바다나 수영장 등에서의 물놀이에 대한 기억도 좋고 박물관 등으로 체험 갔던 일도 좋습니다.

이렇게 특정 시기에 대한 글을 쓰라고 하면 아이들은 있었던 일 모두를 서술해야 한다는 부담을 가지기 쉽습니다.

작문 샘플을 보면서 아주 구체적이고 간단한 묘사만으로도 여름의 느낌을 충분히 살릴 수 있다는 것을 느껴보게 해주세요.

What did you do on your summer vacation? Tell us about your fun memories.

여름 방학에 무엇을 했나요? 즐거운 기억에 대해 이야기해 보세요.

Word Bank

vacation 방학, 휴가

beach 해변

crab 게

hermit crab 소라게

weak/ strong 약한/ 강한

catch 잡다

24 Journal Writing

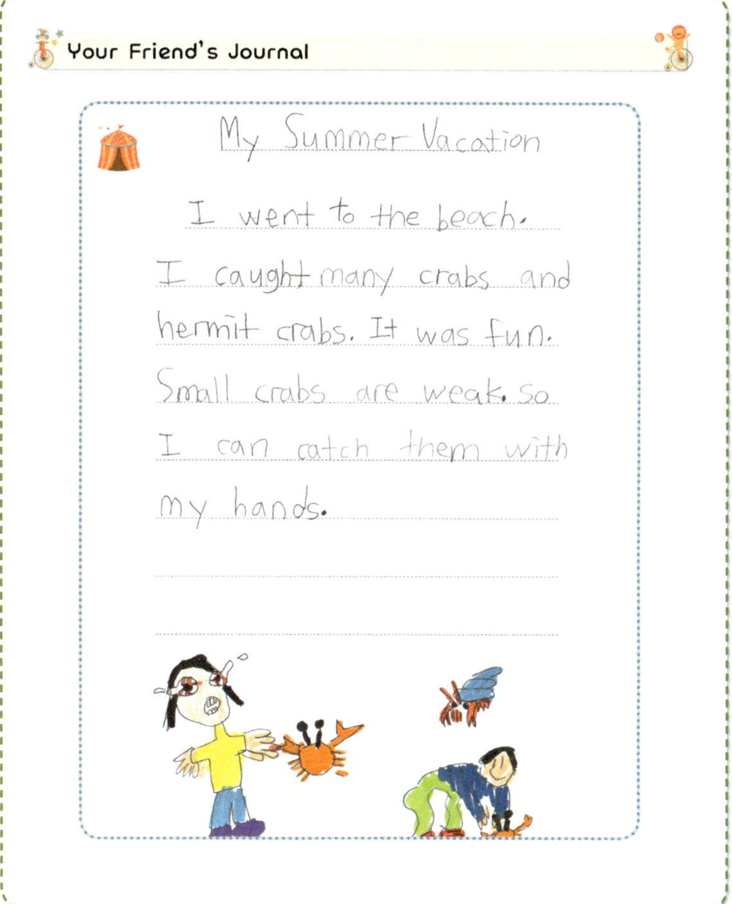

It was fun.
"재미있었어요."

이 표현은 영작뿐만 아니라 우리말로 일기를 쓸 때도 거의 빠지지 않고 등장하는 표현입니다. 아이들이 구체적인 감정 묘사에 서툴기 때문이기도 하고, 실제로 아이들은 늘 재미있어하는 면도 있습니다. 판에 박힌 표현 같지만 이를 통해 자연스럽게 과거형에 익숙해지고 이 문형을 이용해 표현의 폭을 넓혀볼 수도 있습니다. It was exciting(신났어요). It was boring(지루했어요).처럼 응용해보게 해주세요. 과거형은 조금씩 시도해보도록 하되, 맞고 틀리는 것에 대한 부담은 주지 마세요.

My Summer Vacation

I went to the beach.
나는 바닷가에 갔어요.

I caught many crabs and hermit crabs.
나는 게랑 소라게를 많이 잡았어요.

It was fun. 재미있었어요.

Small crabs are weak.
작은 게들은 약해요.

So I can catch them with my hands.
그래서 나는 그것들(작은 게들)을 내 손으로 잡을 수 있어요.

내가 좋아하는 동물

두 번째 챕터는 "My Favorite Things
– 내가 좋아하는 것들"로 아이들이 자연
스럽게 자신이 좋아하는 것들을 떠올리며
작문에 대한 흥미를 갖도록 하는 단계입
니다.

'내가 좋아하는 동물'은 아이들에게 가장
사랑받는 글쓰기 소재 중의 하나 입니다.
앞서 자신의 애완동물에 대해 이야기해본
것을 확장시켜도 좋고, 주변에서 흔히 볼
수는 없지만 좋아하는 동물, 예를 들어 팬
더나 돌고래, 사자 등에 대해 써보아도 좋
습니다.

동물 도감 등을 읽고 자기가 좋아하는 동
물의 특징이나 생태를 정리해보아도 살아
있는 공부가 됩니다.

이렇게 하면 영어 공부만을 위한 작문이
아니라 실제로 지식을 정리하는 과정에서
영어를 사용하게 되어 학습에 더 큰 동기
를 얻는 효과가 있습니다.

What animal do you like best? What is that animal like? Why do you like
that animal?

어떤 동물을 가장 좋아하나요? 그 동물은 어떤 특징을 가지고 있죠? 왜 그 동물을 좋
아하나요?

Word Bank

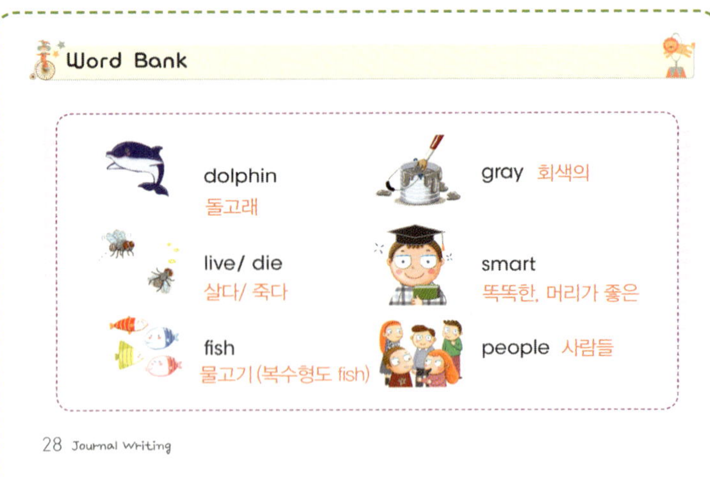

dolphin
돌고래

gray 회색의

live/ die
살다/ 죽다

smart
똑똑한, 머리가 좋은

fish
물고기 (복수형도 fish)

people 사람들

아이들이 잘 쓰는 표현 찾아보기 6

My favorite animal is ~
"내가 좋아하는 동물은 ~야"

아이들은 매사에 좋고 싫음이 분명하기 때문에 자기가 좋아하는 것에 대해 말하기를 좋아합니다. 이때 유용한 표현이 my favorite이죠. my favorite animal을 응용하면 my favorite toy(내가 좋아하는 장난감), my favorite restaurant(내가 좋아하는 식당), my favorite snack(내가 좋아하는 과자)처럼 무궁무진하게 표현해볼 수 있답니다.

My Favorite Animal

My favorite animal is a dolphin. 내가 좋아하는 동물은 돌고래예요.

It is gray. 그것은 (돌고래는) 회색이에요.

It lives in water. 그것은 (돌고래는) 물속에 살아요.

I like this animal because it is smart. 나는 돌고래가 똑똑하기 때문에 좋아요.

Dolphins eat fish and other things. 돌고래들은 물고기랑 다른 것들을 먹고 살아요.

Dolphins are very smart. 돌고래들은 아주 똑똑해요.

They can play with people. 돌고래들은 사람과 놀 수도 있어요.

내가 좋아하는 책

'내가 좋아하는 책'은 아이들이 좋아하는 책이나 시리즈물을 떠올려 적어보도록 합니다.

어른의 기준에서 감동적이고 교훈적인 양서뿐 아니라 아이들이 재미로 읽는 만화책이나 유머집, 또는 어렸을 때 읽었던 동화책까지도 떠올려 신나게 적어보도록 하면 한결 부담을 덜고 주제에 맞는 글을 써 볼 수 있습니다.

좋아하는 책을 적는 것에 그치지 않고 왜 그 책을 좋아하는지, 특히 어느 장면이 좋은지, 한두 문장을 더 쓰게 하면 훌륭한 작문이 됩니다.

What kind of books do you like? Tell us about your favorite books. Why do you like those books?

어떤 종류의 책들을 좋아하나요? 좋아하는 책들에 대해 이야기 해 보세요. 왜 그 책들을 좋아하나요?

Word Bank

comic book
만화책

series 시리즈

science
과학

invention 발명

fairy tale
동화, 옛날 이야기

fantasy 판타지, 공상

32 Journal Writing

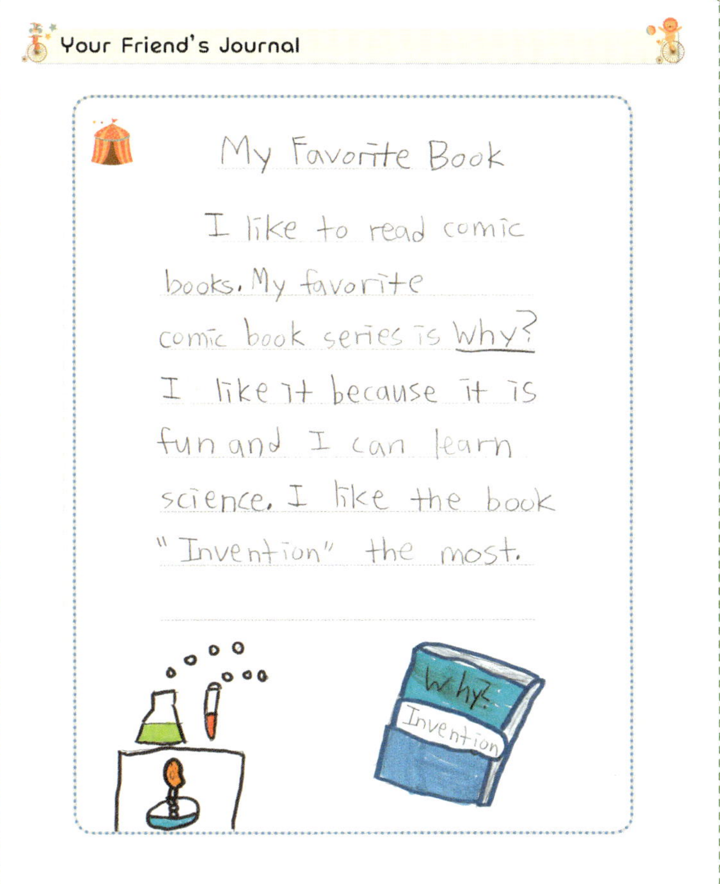

I like ..... the most.
"나는 …이 가장 좋아요"

아이들은 자신이 좋아하는 것에 대해 생각하고 그것에 대해 작문을 할 때 가장 신나게 글을 씁니다. 그래서 좋아하는 것 중에서도 "무엇을 가장 좋아한다"는 표현은 꼭 빠지지 않고 등장하는데요. 바로 "I like —— the most."라고 표현합니다. "I like the book "Invention" the most. (나는 '발명' 책이 제일 좋아요)를 응용하여 I like my baby brother the most(나는 내 동생이 제일 좋아요).처럼 다양하게 표현해보게 합니다.

My Favorite Book

I like to read comic books.
나는 만화책 읽는 것을 좋아해요

My favorite comic book series is 'Why?'
내가 제일 좋아하는 만화책 시리즈는 'Why?'예요.

I like it because it is fun and I can learn science.
나는 그 시리즈가 재미있고 과학을 배울 수 있어서 좋아요.

I like the book "Invention" the most.
나는 '발명' 편을 가장 좋아해요.

내가 좋아하는 곳

'내가 좋아하는 곳'은 아이들이 생각만 해도 즐거운 공간을 떠올려 작문의 동기를 강하게 갖도록 하는 주제입니다.

작문 샘플처럼 제주도나 바닷가, 놀이동산 등 가족들과 가보았던 특별한 곳부터 좋아하는 식당, 놀이터, 또는 대형 마트까지 아주 다양한 범위로 써볼 수. 있습니다.

거창한 장소를 골라야 한다는 생각에서 벗어나 신나게 쓸 수 있도록 해주세요. 그 장소에서 할 수 있는 활동 한두 가지를 추가하면 훌륭한 글이 될 수 있습니다.

Where do you like to go? Tell us about your favorite place. What is it like? Why do you like it?

어디에 가는 걸 좋아해요? 좋아하는 장소에 대해 이야기해보세요. 어떤 곳인가요? 왜 그곳을 좋아하나요?

I can ~
"나는 ~을 할 수 있다"

Can은 할 수 있다는 능력, 가능을 나타내는 말로 I can ~ 하면 "나는 ~을 할 수 있다"가 됩니다. 아이들은 남과 비교하여 자신이 무엇을 할 수 있고 없고에 대해 민감하고 관심이 많기 때문에 이런 점을 잘 활용하면 I can~ 이라는 간단한 문형 하나만으로도 글을 풍부하게 만들 수 있습니다. I can swim(나는 수영할 수 있어요).처럼 I can catch bugs(나는 벌레를 잡을 수 있어요). I can read English books(나는 영어책을 읽을 수 있어요). 등으로 활용할 수 있게 해주세요.

My Favorite Place

My favorite place is Jeju island.
내가 좋아하는 곳은 제주도예요.

I can swim in the ocean.
나는 바다에서 헤엄칠 수 있어요.

I can swim in the swimming pool.
수영장에서 헤엄을 칠 수도 있어요.

I can also see many bugs.
나는 벌레들도 많이 볼 수 있어요.

The most fun thing is riding in an airplane. 가장 신나는 일은 비행기를 타는 거예요.

내가 좋아하는 게임

'내가 좋아하는 게임'은 특히 요즘 아이들의 관심을 자극할 만한 소재로 영어 표현보다는 글 자체의 내용에 집중할 수 있는 좋은 글감입니다.

작문 샘플처럼 핸드폰 게임을 비롯해서 닌텐도나 비디오게임, 보드게임, 카드게임 등 다양한 범위로 아이가 좋아하는 것에 대해 자유롭게 쓸 수 있게 해주세요.

What is your favorite game? Board games? Video games? Or card games? Write about your favorite game.

좋아하는 게임은 어떤 것인가요? 보드게임? 비디오게임? 아니면 카드 게임인가요? 좋아하는 게임에 대해 적어보세요.

Word Bank

angry 화난

bird 새

phone 전화

kill 죽이다

some/ all 약간/ 모두

bomb 폭탄

40 Journal Writing

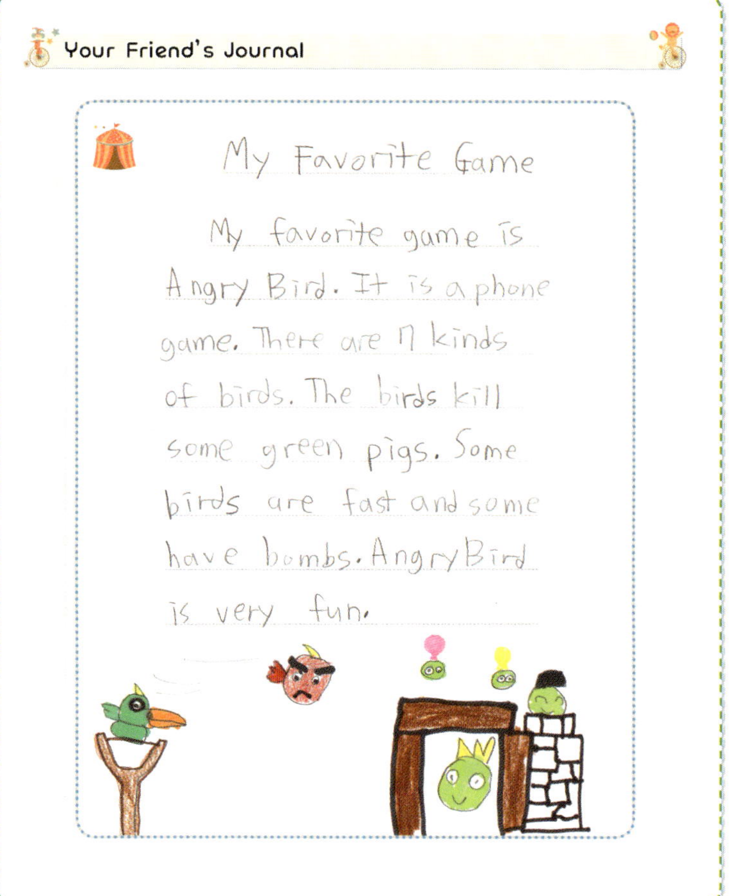

There are ~
"~이 있다"

There are ~는 우리말로 "~이 있다"에 해당하는 말입니다. **There are 7 kinds of birds.** 하면 7가지 종류의 새들이 있다는 뜻으로 아이들 말로 풀어 말한다면 게임 속에 7가지 종류의 새들이 나온다는 의미입니다. 보통 아이들의 글은 "I(나)"로 시작하는 문장이 먼저 발달하고, 이렇게 "~이 있다"는 등의 객관적인 진술에 해당하는 표현은 상당히 뒤에 발달하는 편입니다. **There are** 다음에 다른 표현도 넣어서 써볼 수 있게 해주세요.

My Favorite Game

My favorite game is 'Angry Bird'.
내가 좋아하는 게임은 앵그리버드(화난 새)예요.

It is a phone game. 그것 전화기에 있는 게임이에요.

There are 7 kinds of birds. 7종류의 새들이 나와요.

The birds kill some green pigs. 새들이 초록색 돼지들을 죽여요.

Some birds are fast and some have bombs.
어떤 새들은 빠르고, 어떤 새들은 폭탄을 가지고 있어요.

'Angry Bird' is very fun. 앵그리버드 게임은 무척 재미있어요.

내가 좋아하는 장난감

'내가 좋아하는 장난감'은 아이들이 가장 좋아하는 소재인 장난감을 통해 작문의 즐거움을 느껴볼 수 있습니다.

좋아하는 장난감이 무엇인지 이야기하고 왜 좋아하는지, 언제 누구에게 받았는지 등을 덧붙이면 훌륭한 글이 될 수 있습니다.

작문 샘플처럼 구체적인 장난감에 대해 써도 좋고, 요요(yo yo)나 딱지(slap matches), 공기(play jacks)처럼 유행하는 놀이에 대해 써도 좋습니다.

What is your favorite toy? Why do you like it? How do you feel when you play with it?

좋아하는 장난감이 뭐예요? 왜 그 장난감을 좋아하나요? 그 장난감을 갖고 놀 때 어떤 기분이 드나요?

Word Bank

Star Wars
스타워즈(영화 제목)

brick(s)
레고 블록

make 만들다

small/ big
작은/ 큰

Barbie doll
바비 인형(또는 그와 비슷한 인형들을 통칭)

play house
인형놀이 하다

44 Journal Writing

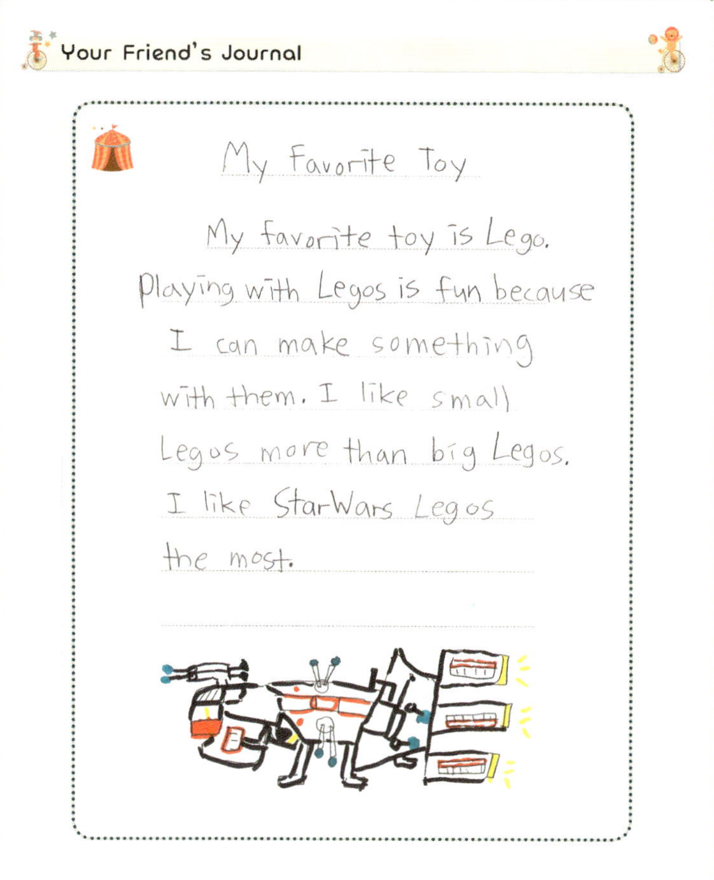

I like A more than B
"나는 B보다 A가 좋아요"

앞서 아이들은 자신이 좋아하는 것을 이야기하기 좋아한다고 언급했는데요, 어떤 것을 제일 좋아하는지 또 무엇을 무엇보다 더 좋아하는지 비교하는 것 또한 단골로 등장하는 표현입니다. more than 하면 "~ 보다 더"라는 비교의 표현으로 아이들이 두 가지를 비교하고자 할 때 유용합니다. I like small Legos more than big Legos(나는 큰 레고보다 작은 레고가 좋아요).를 응용하여 I like ice cream more than cookies(나는 쿠키보다 아이스크림이 좋아요). 등으로 여러 가지로 표현해 볼 수 있습니다.

My Favorite Toy

My favorite toy is Lego. 내가 좋아하는 장난감은 레고예요.

Playing with Legos is fun because I can make something with them.
레고로 놀면 재미있는데, 왜냐하면 그걸로 무언가를 만들 수 있기 때문이에요.

I like small Legos more than big Legos. 나는 큰 레고보다는 작은 레고가 좋아요.

I like Star Wars Legos the most. 나는 스타워즈 레고가 제일 좋아요.

* Lego: 레고의 공식적인 명칭은 LEGO입니다. 하지만 많은 아이들이 좋아하고 널리 사용하는 장난감이기 때문에 일반적으로 Lego라고 쓰기도 하고, 아이들은 여기에 -s를 붙여 Legos라고 쓰기도 합니다. 특정 회사의 상표이기 때문에 원래는 복수형으로 쓸 수 없지만 아이들은 전체적인 블록의 의미로 복수형으로 사용하기도 합니다.

나는 ~할 때 화가 나요

세 번째 챕터는 "My Feeling – 나의 기분"으로, 아이들이 자신의 하루나 좋아하는 것 등 사실 묘사 단계를 마친 후 자신의 감정에 대해 이야기해보는 단계입니다. 이 단계부터는 지난 일이나 평소 자신의 감정에 대해 생각을 해보아야 글을 시작할 수 있기 때문에 이전 단계에 비해 다소 추상적이라고 할 수 있습니다.

'나는 ~할 때 화가 나요'는 아이들이 자신의 감정을 떠올려 언제 주로 화가 나고 기분이 안 좋아지는지에 대해 적어봅니다.

작문 샘플처럼 구체적인 일상 중에 언제 주로 화가 나는지 써도 좋고 최근에 기분이 크게 나빴던 적이 있다면 그 일에 대해 써도 좋습니다. 그런 경우 과거형 문장으로 써야 하지만 우선은 내용을 적는 데 중점을 두고 과거형에 대해 연습이 되어 있지 않다면 그 부분에 부담을 줄 필요는 없습니다.

What makes you angry? When do you get mad? Write about times when you get mad.

어떤 일이 화나게 하나요? 언제 화가 나죠? 화가 날 때에 대해 써보세요.

Word Bank

mad 화 난

friend(s) 친구

break 부수다

homework 숙제

tease 놀리다

say a bad word 욕이나 나쁜 말을 하다

48 Journal Writing

when ~

"~할 때"

when은 "~할 때"의 시간을 나타내는 표현으로 아이들이 간단한 단문형 문장에서 발전을 할 때 because 다음으로 많이 쓰는 표현입니다. I get mad when my friend breaks my Legos(나는 내 친구가 내 레고를 부술 때 화가 나요).처럼 언제 화가 나는지 구체적인 순간을 이야기할 때 유용합니다. I get mad when ~ 의 구문을 이용해서 자유롭게 자신이 속상했던 순간을 표현해보도록 해주세요.

I Get Mad When ~

I get mad when my friend breaks my Legos.
나는 내친구가 내 레고를 부술 때 화가 나요.

I also get mad when my mom says "Do your homework," and "Stop playing!"
나는 또 엄마가 "숙제 해." 그리고 "그만 놀아!"라고 말할 때 화가 나요.

내가 아팠을 때

'내가 아팠을 때'는 아이들이 일상에서 가장 크게 벗어나는 특별한 시기에 대한 글이기 때문에 구체적인 순간을 떠올려 글을 쓰는 훈련을 하기에 좋습니다.

언제, 어떻게 아팠는지 내용을 적고, 그때의 기분을 떠올려보게 해주세요. 아파서 학교에 가지 않아도 되어 좋았는지 또는 친구들과 놀지 못해 속이 상했는지 자신의 감정을 묘사하는 한두 문장으로 훌륭한 작문이 될 수 있습니다.

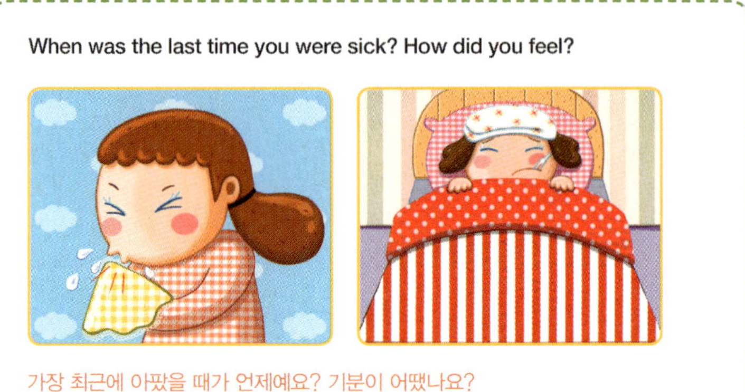

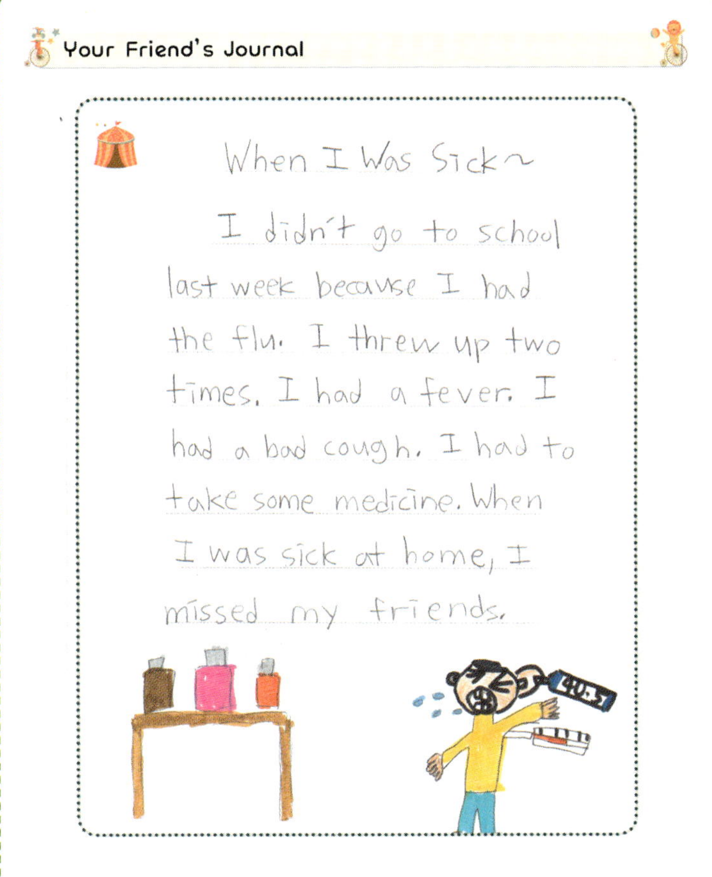

I didn't ~
"나는 ~하지 않았다"

didn't는 과거를 나타내는 did와 부정을 나타내는 not을 합쳐 줄여 말하는 표현입니다. 동사에 -ed를 붙여 과거를 나타내는 것이나 불규칙 동사들에 한참 헷갈려 할 아이들에게 didn't의 등장은 당황스러울 수 있죠. 하지만 아이들이 잘 쓰는 몇 가지 문장을 외워 말하게 하면 그 용법을 금새 외운답니다. I didn't do it(제가 안 그랬어요).나 I didn't go there(저 거기 안 갔어요).처럼요. I didn't eat it(저 그거 안 먹었어요).를 추가해도 좋습니다. 아이들 특유의 변명하는 상황에서 자주 나오는 말이라 금세 외우고 잘 활용한답니다.

When I Was Sick ~

I didn't go to school last week because I had the flu.
나는 독감에 걸렸기 때문에 지난주에 학교에 가지 못했어요.

I threw up two times. 나는 두 번 토했어요.

I had a fever. 열도 났어요.

I had a bad cough. 기침도 심하게 했어요.

I had to take some medicine. 약을 좀 먹어야 했어요.

When I was sick at home, I missed my friends.
아파서 집에 있을 때 나는 친구들이 보고 싶었어요.

Topic 13: I Was Happy When ~

나는 ~할 때 행복했어요.

'나는 ~할 때 행복했어요'는 아이들이 구체적으로 행복했던 순간을 떠올려 즐거운 기억을 적어보도록 합니다.

어른들에게는 어려운 주제가 될 수 있지만 오히려 아이들은 아주 구체적인 순간을 기억해내어 글을 풍부하게 만들기도 합니다.

작문 샘플처럼 좋아하는 장난감이 생겼다거나 또는 축구 경기에서 골을 넣었다거나 학교에서 상을 받았던 경험 등 최대한 구체적인 기억을 떠올리게 해주세요.

When do you feel you are happy? Write about times when you are happy and what makes you happy.

언제 행복하다고 느끼나요? 언제 행복한지, 또 무엇이 행복하게 만드는지에 대해 써보세요.

Word Bank

buy(bought) 사다(과거형: bought)

robot 로봇

change 바꾸다

sword 칼(무기로 쓰는 긴 검. 단검은 dagger)

gun 총

mask 마스크, 가면

56 Journal Writing

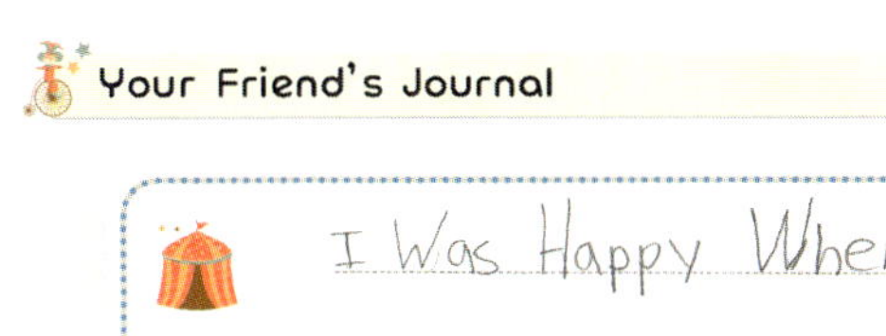

a sword, a gun, and a mask
칼, 총, 그리고 마스크

and는 문장과 문장을 연결할 때도 쓰고, 여러 개의 단어를 나열할 때도 씁니다. 아이들이 어떤 사물에 대해 묘사할 때나 상황을 설명할 때 우리말의 "~하고 ~하고" 하는 식의 나열을 즐겨 쓰는데 and의 사용법을 잘 알아두면 이 부분을 매끄럽게 할 수 있습니다. 두 가지를 나열할 때는 'A and B'처럼 그냥 and를 써주면 되고, 세 가지 이상을 나열할 땐 앞 부분 단어들 다음에는 쉼표를 해주고 맨 마지막에 오는 단어 앞에 and를 써주면 됩니다. I like Tom, Jane, Susan, and Bob(나는 톰, 제인, 수전, 그리고 밥이 좋아).

I Was Happy When ~

I was happy when I bought a robot.
난 로봇을 샀을 때 행복했어요.

The robot was yellow. 로봇은 노란색이었어요.

The robot can change into a car too.
로봇은 자동차로도 변할 수 있었어요.

The robot also had a sword, a gun, and a mask.
로봇은 또 칼, 총, 그리고 마스크를 가지고 있었어요.

I love the robot. 나는 로봇이 좋아요.

엄마에게 쓰는 편지

'엄마에게 쓰는 편지'는 아이들이 늘 가장 가깝게 지내는 엄마지만 엄마가 얼마나 감사한지 한번쯤 따로 생각해볼 수 있는 기회를 줄 수 있습니다.

작문 샘플처럼 언제 특별히 고마움을 느꼈는지 구체적으로 써보면서 표현도 익히고 실제로 엄마에게 감사하는 마음도 가질 수 있어 아이들의 감정을 표현하는 훌륭한 작문 소재가 될 수 있습니다.

Write a thank-you letter to your mom. Think of times when you are thankful to your mom.

엄마한테 감사 편지를 써보세요. 엄마에게 감사함을 느꼈던 때를 생각해보세요.

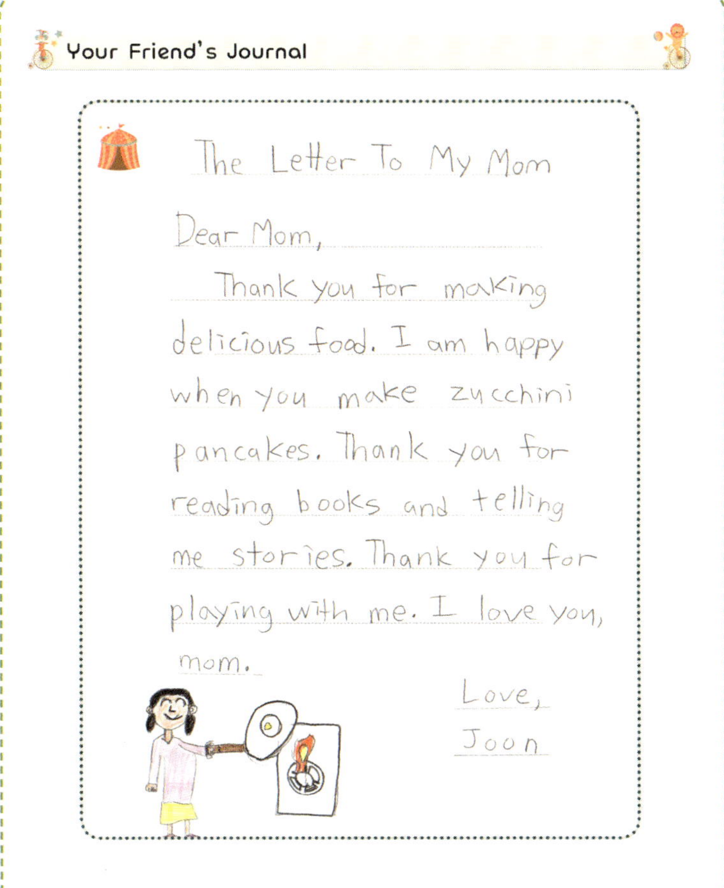

Thank you for ~
"~해주어서 고맙습니다."

Thank you는 "고맙습니다"라는 표현으로 아이들에게 익숙한데요, 뒤에 for를 붙여서 thank you for ~ 하고 내용을 써주면 어떤 일로 고마운지 구체적으로 표현할 수 있습니다. Thank you for making delicious food의 경우 for 다음에 오는 맛있는 음식을 만들어준 것이 고마운 이유가 됩니다. 눈썰미가 있는 아이라면 for 다음에 오는 동사들엔 –ing가 붙어있다는 것을 알 수 있는데요, 함께 줄을 치면서 규칙을 느껴보도록 해주셔도 좋습니다. 여기에 앞서 배운 I am happy when~ 구문을 추가한다면 훌륭한 감사 편지가 될 수 있습니다.

The Letter To My Mom

Dear Mom, 엄마에게

Thank you for making delicious food. 맛있는 음식을 만들어주셔서 고맙습니다.

I am happy when you make zucchini pancakes. 저는 엄마가 호박전을 해주실 때 행복해요.

Thank you for reading books and telling me stories.
책도 읽어주시고 이야기도 들려주셔서 고맙습니다.

Thank you for playing with me. 저랑 놀아주셔서 고마워요.

I love you, mom. 사랑해요 엄마.

Love, Joon 사랑하는 준으로부터

내가 제일 좋아하는 생일 선물

'내가 제일 좋아하는 생일 선물' 은 아이들이 가장 좋아하는 글감인 생일선물에 대해 쓰도록 합니다.

작문 샘플처럼 지금까지 받았던 선물 중에 가장 기억에 남는 좋아하는 선물이 무엇인지 쓰고 그것에 대해 묘사하도록 합니다. 아이들은 누가 그 선물을 주었는지 매우 중요하게 생각하고 꼭 기억하기 때문에 그 부분을 추가하면 글의 호흡을 늘릴 수 있습니다.

What is your best birthday present ever? Describe it. Who gave it to you?

지금까지 받은 것 중에 최고의 생일 선물은 무엇이었나요? 설명해보세요. 누가 준 것인가요?

Word Bank

64 Journal Writing

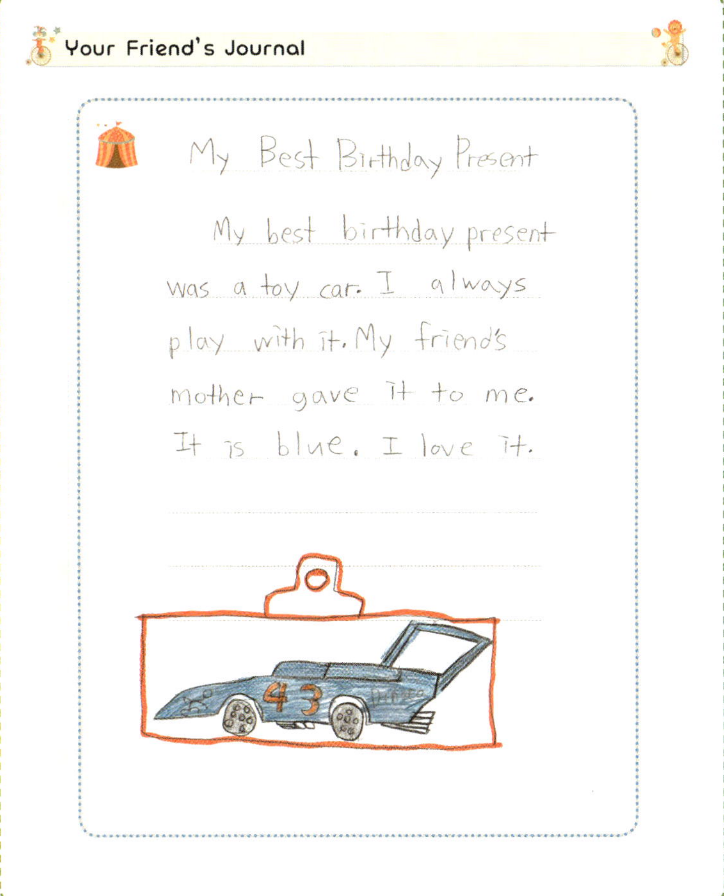

아이들이 잘 쓰는 표현 찾아보기 15

give A to B
A를 B에게 주다

give는 '주다'는 뜻으로 아이들의 생활 표현에 꼭 필요한 핵심단어입니다. 하지만 막상 누구에게 무엇을 주었다는 식으로 제대로 목적어를 갖추어 쓰기는 쉽지 않은데요. 이때도 한두 문장을 충분히 익숙하도록 외워두면 다음에 얼마든지 응용하여 표현해볼 수 있습니다. I give it to you. 하면 "내가 그것을 너에게 준다." You give it to me. 하면 "네가 그것을 나에게 준다."가 됩니다. 보통은 있었던 일을 묘사할 때 주로 쓰이기 때문에 아예 동사를 과거형인 gave로 외워두는 것도 효과적입니다.

My Best Birthday Present

My best birthday present was a toy car.
내 최고의 생일 선물은 장난감 자동차였어요.

I always play with it.
나는 항상 그것을 가지고 놀아요.

My friend's mother gave it to me.
내 친구 엄마가 주신 거예요.

It is blue. 그건 파란색이에요.

I love it. 나는 그 자동차가 좋아요.

Topic 16: If I Were a Teacher, I Would ~

내가 만일 선생님이라면, 나는 ~

네 번째 챕터는 "My Wish – 나의 소원"으로 앞 단계에서 사실 묘사와 감정 표현을 연습한 아이들이 본격적으로 신나게 글쓰기를 할 수 있도록 재미있는 제목을 제시합니다.

'내가 만일 선생님이라면 ~'은 아이들이 생각만 해도 즐거운 주제 중 하나로 선생님이 되어 자기 마음대로 해보는 기회를 줍니다.

문장의 핵심이 되는 If I were ~구문은 가정법으로, 어른들에게는 한참 계산해야 하는 어려운 문법 이지만 아이들에게는 신나는 상상을 표현할 수 있는 수단이기 때문에 쉽게 익히는 부분입니다.

저널 샘플처럼 놀이나 공부에 대한 좋은 생각도 좋고 이보다 더 엉뚱하고 장난스럽게 상상을 해보아도 좋습니다. 상상이 자유로운 아이들일수록 즐겁게 작문을 하게 될 것입니다.

Imagine that you are a teacher! What would you do if you were a teacher?

선생님이라고 상상해보세요! 만일 선생님이라면 무엇을 하고 싶나요?

Word Bank

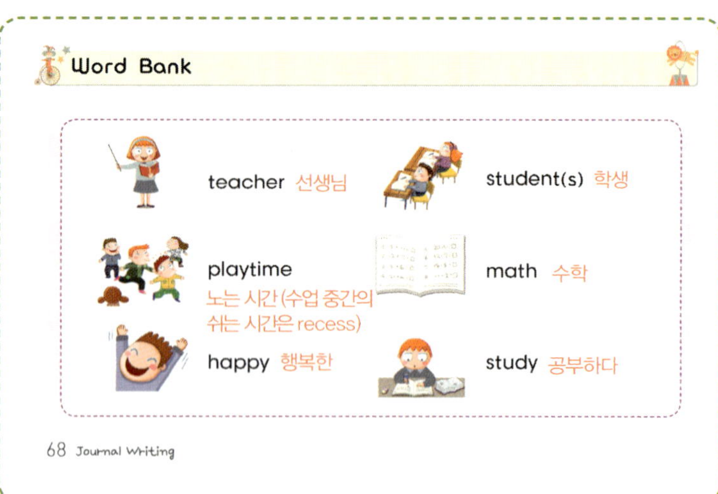

teacher 선생님

student(s) 학생

playtime 노는 시간 (수업 중간의 쉬는 시간은 recess)

math 수학

happy 행복한

study 공부하다

68 Journal Writing

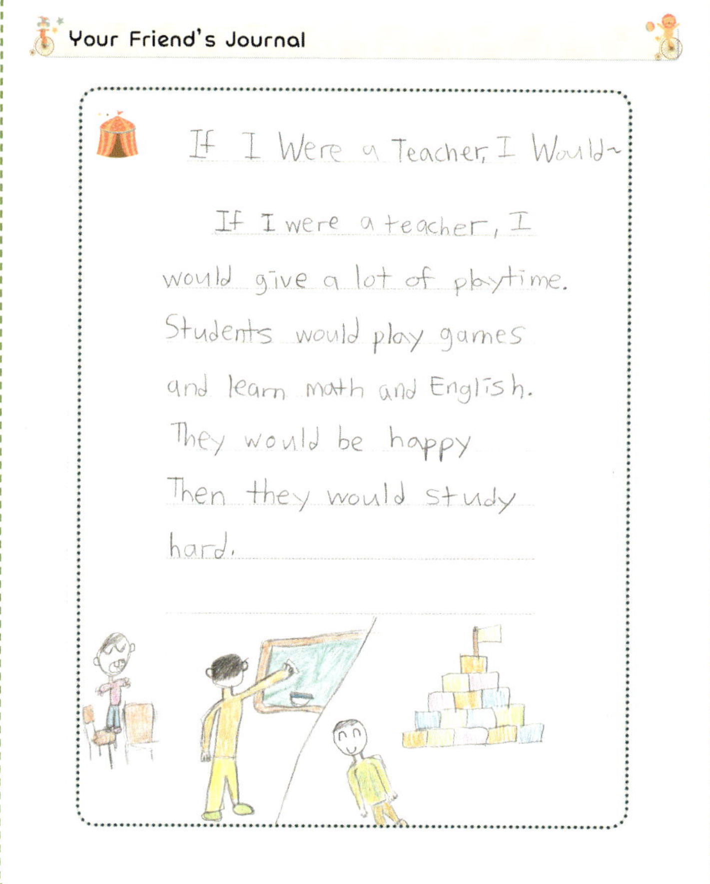

아이들이 잘 쓰는 표현 찾아보기 16

If I were ~ , I would
"내가 만일 ~라면 ~ 할 것이다"

미래나 과거 동사에 대해서도 잘 표현하지 못하는 아이들에게 가정법은 너무 어렵다 생각할 수 있지만, 상상은 아이들의 생활 그 자체이기 때문에 미국 아이들의 경우에도 상당히 일찍 발달하는 부분입니다. 더구나 이 표현 한 가지로 상상하는 대부분을 글로 표현할 수 있다는 점에서 꼭 익혀두면 즐겁게 영어 작문을 하는 데 큰 도움이 됩니다. 첫 문장 정도를 외우도록 해주시고 '~ 할 것이다'라는 상상 속의 일은 would를 붙여 표현하게 해주세요. 작문 샘플의 would에 동그라미를 치며 규칙을 관찰해도 좋습니다.

If I Were a Teacher, I Would ~

If I were a teacher, I would give a lot of playtime.
내가 만일 선생님이라면 나는 노는 시간을 많이 줄 거예요.

Students would play games and learn math and English.
학생들은 게임을 하면서 수학과 영어를 배우게 될 거예요.

They would be happy.
학생들은 행복해질 거예요.

Then they would study hard.
그러면 학생들은 공부를 열심히 하게 되겠죠.

내가 만약에 보물상자를 발견한다면, 나는 ~

'내가 만약에 보물 상자를 발견한다면'은 아이들이 상상 중에서도 최고로 신나는 것으로, 형식을 떠나 글의 내용에 100% 몰두하기에 최고의 주제 입니다.

문장의 핵심이 되는 If I found ~구문은 가정의 내용으로, 어른들에게는 한참 계산해야 하는 어려운 문법 요소이지만 아이들에게는 신나는 상상을 표현할 수 있는 수단이기 때문에 쉽게 익히는 부분입니다.

작문 샘플처럼 신나게 상상하고 구체적으로 적어볼 수 있도록 함께 상상의 날개를 펴주세요.

Imagine that you found a treasure box. What would be in the treasure box? What would you do with it?

보물상자를 발견했다고 상상해 보세요. 보물상자 속에는 무엇이 들어있을까요? 그것으로 무엇을 하고 싶어요?

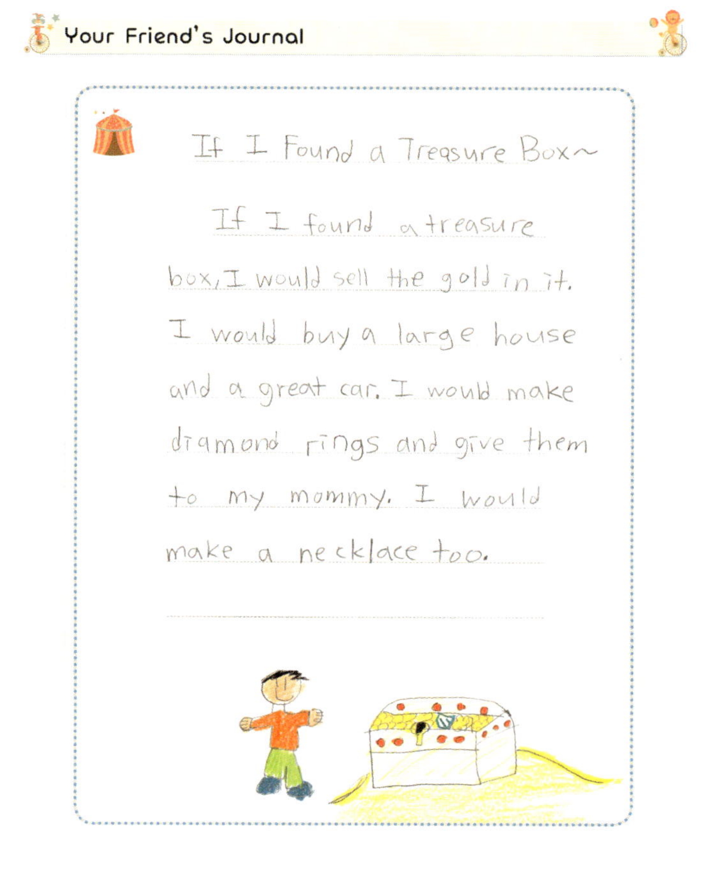

I would ~
"나는 ~할 거예요"

I will ~이라고 표현할 경우 흔히 자신의 의지가 담긴 미래라고 이해하는데요, 예를 들어 I will go there. 하면 "나는 거기에 갈 거예요"라는 뜻이 됩니다. Would 는 형태상으로는 will의 과거형이고 실제로 그런 의미로도 쓰이긴 하지만 이 글에서처럼 가정을 하는 일에 쓰일 때는 미래의 일을 상상하고 그에 대한 결과를 추측해보는 성격이 강합니다. 예를 들어 I will go.는 거의 100% 확실하게 간다는 뜻이지만 I would go. 하면 실제로 갈 수도 있고 안 갈 수도 있는 것이죠.

If I Found a Treasure Box ~

If I found a treasure box, I would sell the gold in it.
내가 만약에 보물상자를 발견한다면, 나는 그 안에 들어 있는 금을 팔 거예요.

I would buy a large house and a great car.
나는 커다란 집과 멋진 자동차를 살 거예요.

I would make diamond rings and give them to my mommy.
나는 다이아몬드 반지를 만들어서 엄마한테 줄 거예요.

I would make a necklace too.
나는 목걸이도 만들 거예요.

내가 만약에 어디로든 갈 수 있다면, 나는 ~

'내가 만약에 어디로든 갈 수 있다면'은 아이들이 생각만 해도 즐거운 장소를 떠올려 작문의 동기를 강하게 갖도록 하는 주제입니다.

문장의 핵심이 되는 If I could go ~ 구문은 가정하는 내용으로, 어른들에게는 한참 계산해야 하는 어려운 문법이지만 아이들에게는 신나는 상상을 표현할 수 있는 수단이기 때문에 쉽게 익히는 부분입니다.

작문 샘플처럼 실제로 가볼 수 있는 특정 나라나 도시도 좋고, 우주나 바닷속, 또는 미래, 과거의 어떤 곳도 좋습니다. 마음껏 상상하도록 해주세요.

Where do you wish to go? What would you do if you went there?

어디에 가보는 것이 소원이에요? 만약에 그곳에 간다면 무엇을 하고 싶어요?

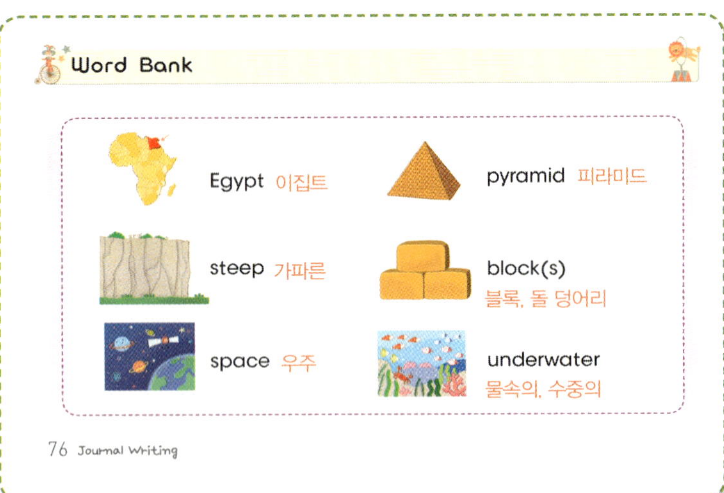

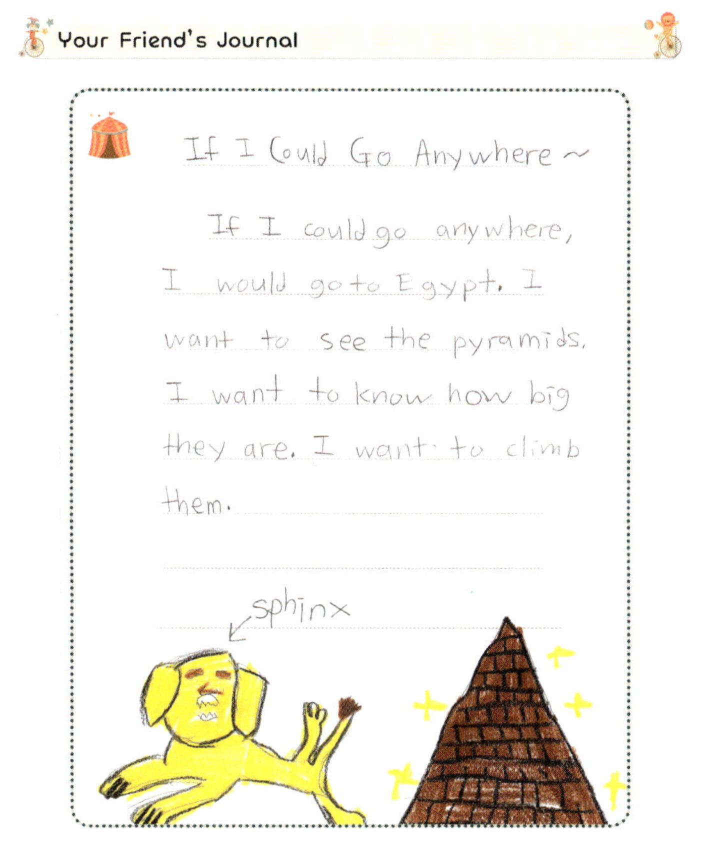

I want to see
"~을 보고 싶다"

want는 '~을 원한다'는 뜻으로 I want ice cream이라고 하면 아이스크림을 원한다, 즉 아이스크림을 달라는 뜻이 되고, want 다음에 to를 붙여 want to ~ 라고 하게 되면 그 다음에 오는 동사에 해당하는 내용을 하고 싶다는 뜻이 됩니다. 다시 말해 I want to see the pyramids. 하면 "나는 피라미드를 보고 싶다"는 뜻이 되는 것입니다. I want to ~ 구문은 I like와 함께 아이들이 가장 자주 사용하는 구문이기 때문에 뒤에 오는 to까지 묶어서 익혀두게 해주시면 좋습니다.

If I Could Go Anywhere, I Would ~

If I could go anywhere, I would go to Egypt.
내가 만약 어디에든 갈 수 있다면, 나는 이집트에 갈 거예요.

I want to see the pyramids.
나는 피라미드가 보고 싶어요.

I want to know how big they are.
나는 피라미드가 얼마나 큰지 알고 싶어요.

I want to climb them.
나는 피라미드에 올라가 보고 싶어요.

내가 만약에 동물이 된다면, 나는 ~

'내가 만약에 동물이 된다면'은 아이들의 엉뚱하고 기발한 면을 가장 잘 볼 수 있는 주제입니다.

문장의 핵심이 되는 If I could be ~ 구문은 가정을 하는 내용으로, 어른들에게는 한참 계산해야 하는 어려운 문법이지만 아이들에게는 신나는 상상을 표현할 수 있는 수단이기 때문에 쉽게 익히는 부분입니다.

작문 샘플처럼 작은 동물도 좋고, 아니면 아주 크거나 용맹한 동물도 좋습니다. 용 같은 상상 속의 동물이나 이제는 살지 않는 공룡에 대해 써봐도 재미있을 것입니다.

What is your favorite animal? What animal would you want to be if you could? What would you do?

어떤 동물을 좋아해요? 만약 될 수 있다면 어떤 동물이 되고 싶어요? 그러면 무엇을 하고 싶어요?

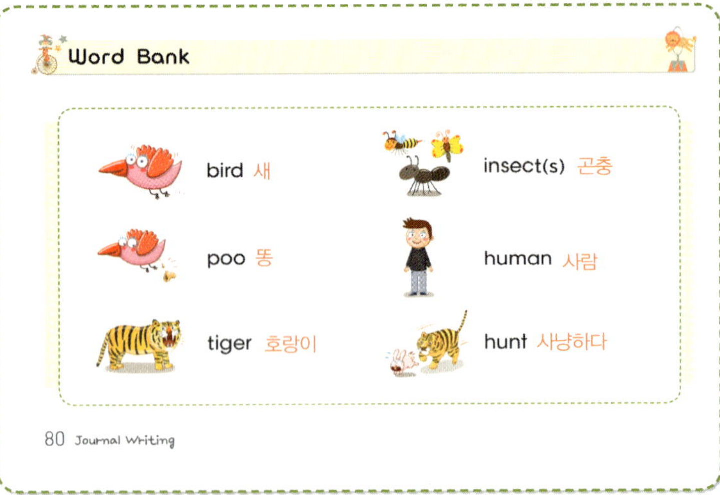

아이들이 잘 쓰는 표현 찾아보기 19

on
"∼위에"

주어와 동사로 이루어지는 가장 기본적인 문형을 먼저 익히고, 여기에 목적어 등을 추가하면서 아이들은 점점 다양한 뜻을 표현하게 됩니다. 여기에서 더 발전하면 '전치사'를 활용해서 문장의 뜻을 더욱 구체적으로 만들 수 있게 되는데요, 가장 기본적인 in(∼안에), to(∼로), at(∼에) with(∼와 함께), on(∼ 위에)을 만나게 됩니다. 전치사는 혼자 쓰이는 일이 없고 항상 명사 앞에 놓이기 때문에 on the desk(책상 위에), on the box (상자 위에)처럼 뒤에 오는 단어와 함께 익혀두면 자연스럽게 사용법을 알게 되어 활용도를 높일 수 있습니다.

If I Could Be an Animal, I would ~

If I could be an animal, I would be a little bird.
내가 만약에 동물이 될 수 있다면 나는 작은 새가 될 거예요.

I would eat bad insects.
나는 나쁜 곤충들을 잡아 먹을 거예요.

Also, for fun, I would poo on people's heads.
그리고 재미로 사람들의 머리에 똥을 쌀 거예요.

I would fly and play.
나는 날아다니면서 놀 거예요.

내가 어른이 되면, 나는 ~

'내가 어른이 되면'은 어린이 작문의 가장 단골 주제라 할 수 있는 장래 희망을 묻는 내용입니다. 아이들의 장래 희망은 자주 바뀌기 때문에 늘 즐겁게 써볼 수 있고, 자주 등장하는 질문인 만큼 한번쯤 정리해두면 앞으로 자신있게 말할 수 있는 준비가 됩니다.

작문 샘플처럼 일반적인 장래 희망도 좋지만, 사냥꾼(hunter)이나, 탐정(detective), 스파이(spy/ secret agent) 같은 자유로운 꿈도 만나볼 수 있어서 즐거운 주제입니다.

What do you want to be when you grow up? Write about your dream job.

커서 어떤 사람이 되고 싶어요? 꿈꾸는 직업에 대해 적어보세요.

Word Bank

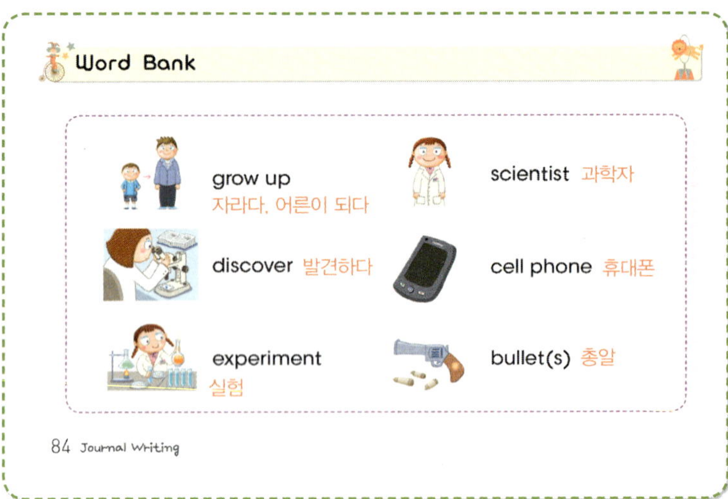

grow up 자라다, 어른이 되다

scientist 과학자

discover 발견하다

cell phone 휴대폰

experiment 실험

bullet(s) 총알

84 Journal Writing

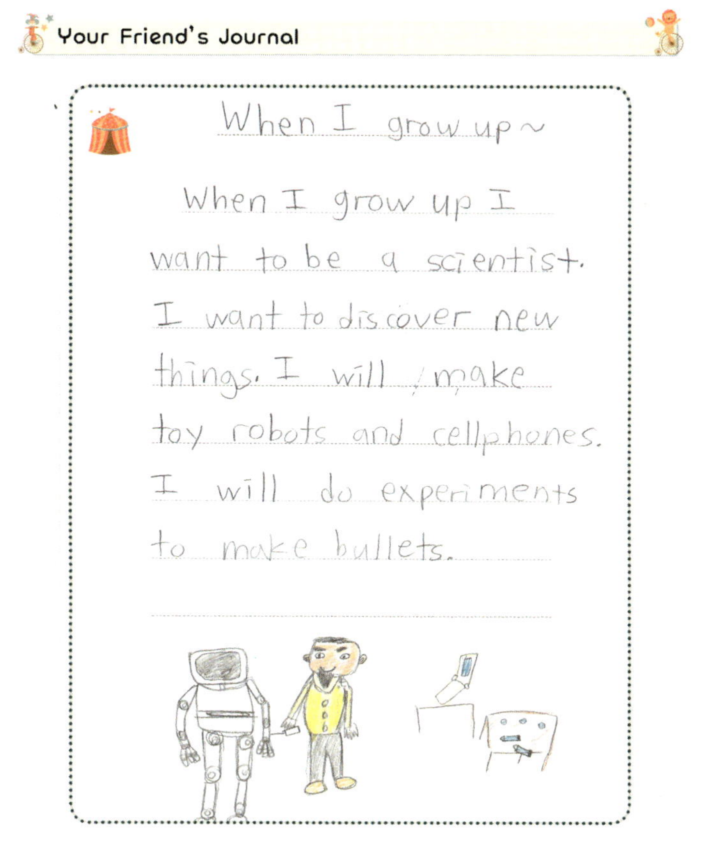

I will ~
"나는 ~ 할 것이다"

앞서 would를 설명할 때 언급한 것 처럼 will은 '~할 것이다'라는 의미로 문장의 동사에 미래의 뜻을 더해주는 역할을 합니다. Will 자체로 동사가 되지 않고 이렇게 도와주는 역할을 하기 때문에 조동사라고 하지요. 앞서 상상을 했던 미래를 제외하고 일반적인 미래를 이야기할 때 동사 앞에서 써주면 됩니다. 주어에 따라 동사의 형태가 달라지는 것(삼인칭 s 붙이기)을 배우고 나면 잠시 혼동하는 아이들도 있는데, will은 주어에 따라 모양이 변하지는 않는다는 걸 알려주세요.

When I Grow Up, I ~

When I grow up, I want to be a scientist.
내가 커서 어른이 되면 나는 과학자가 되고 싶어요.

I want to discover new things.
나는 새로운 것들을 발견하고 싶어요.

I will make toy robots and cell phones.
나는 장난감 로봇과 핸드폰을 만들 거예요.

I will do experiments to make bullets.
나는 총알을 만들기 위해 실험을 할 거예요.

수수께끼 쓰기

다섯 번째 챕터는 Fun Story "재미있는 이야기"로 아이들이 다양하고 재미있는 이야기를 만들어 보면서 영작문 학습도 이렇게 재미있게 할 수 있다는 것을 경험하게 됩니다.

흔히 아이들의 눈높이에 맞지 않는 딱딱한 주제에 맞추어 글을 쓰거나 매일 똑 같은 일기 쓰기가 주를 이루는 기존의 작문 학습과 달리, 여기에서 제시되는 다양하고 재미있는 쓸거리는 꼭 공부가 아니어도 친구들끼리 놀이 삼아 해볼 수 있을 만큼 좋은 주제들입니다.

'수수께끼 쓰기'는 아이들이 좋아하는 맞추기 놀이입니다. 마음 속으로 주제를 정하고 그것에 대해 영어로 설명을 하는 것입니다. 글을 쓴 후에 반드시 가족이나 친구들에게 문제를 내보게 해주세요. 독자들의 반응이 좋으면 아이들은 시키지 않아도 계속 문제를 만들어 간답니다.

Do you like riddles? Write your own riddle and let your friend guess the answer.

수수께끼 좋아해요? 자신만의 수수께끼를 만든 다음 친구에게 답을 맞추어보라고 하세요.

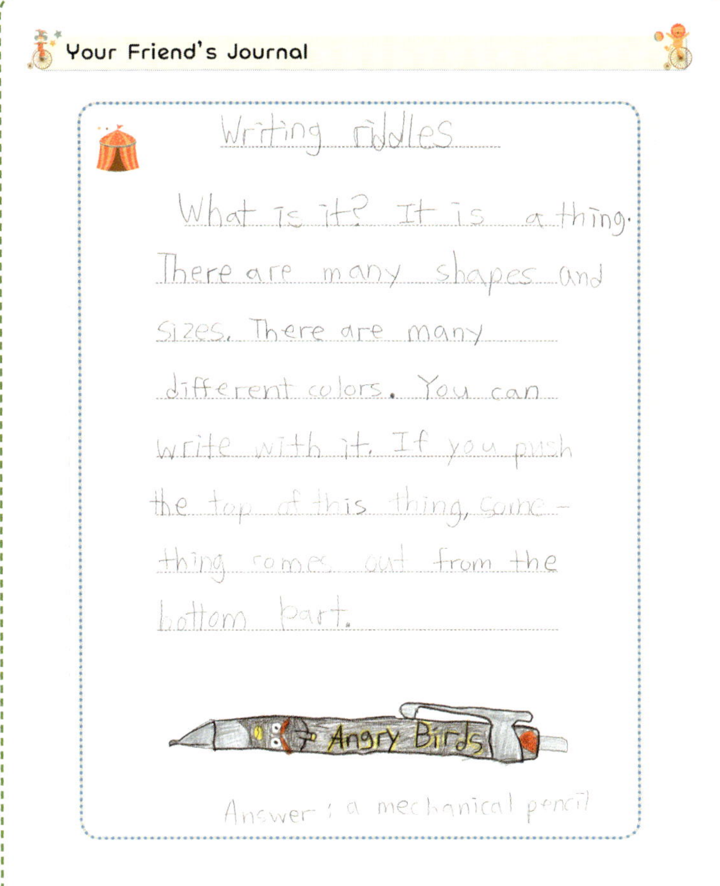

If you ~
"만약에 네가 ~"

If는 '만일 ~하다면'의 뜻으로 만약의 상황을 말할 때 쓰입니다. 아이들이 문장력이 생기고 쓰고 싶은 이야기가 많아지면 맨 처음 and나 but 등으로 두 개의 문장을 이을 수 있게 되고, 그 다음으로 두 개의 절을 잇는 when, because, if 등에 도전하게 됩니다.

수수께끼를 낼 때는 자연스럽게 if 구문이 나오기 쉽기 때문에, 이를 통해 자연스럽게 익혀두면 좋습니다. 예를 들어, 마술 상자에 대해 설명한다면 If you open it, something comes out(네가 그걸 열면 뭔가 나올 거야).로 표현해주면 됩니다.

Writing Riddles

What is it? 무엇일까요?

It is a thing. 사물입니다.

There are many shapes and sizes. 모양과 크기가 매우 여러 가지입니다.

There are many different colors. 색깔이 매우 다양합니다.

You can write with it. 그것으로 쓸 수 있습니다.

If you push the top of this thing, something comes out from the bottom part. 이것의 맨 위를 누르면, 맨 아래에서 무언가가 나옵니다.

Answer: a mechanical pencil   정답: 샤프 펜슬

동물 학교

여기에서 제시되는 다양하고 재미있는 쓸 거리는 꼭 공부가 아니어도 친구들끼리 놀이 삼아 해볼 수 있을 만큼 좋은 주제들 입니다.

'동물학교'는 아이들이 원하는 동물들로 마음껏 학교 생활을 구성해보는 것입니 다. 선생님은 누가 좋을지 학생은 누가 좋 을지 생각하고, 호랑이와 토끼가 한 반에 있다면 어떻게 될까 등등 생각만 해도 즐 거운 주제입니다. 실제로, 아이들과의 작 문 시간에 아이들이 설명을 다 듣기도 전 에 벌써 글을 쓰기 시작하는 주제이기도 합니다.

What would happen in the animal school? Who would be the teacher? Who would be the students? What would the animals do in their school?

동물 학교에서는 어떤 일이 생길까요? 선생님은 누구일까요? 학생들은 누구일까요? 동물들은 학교에서 무엇을 할까요?

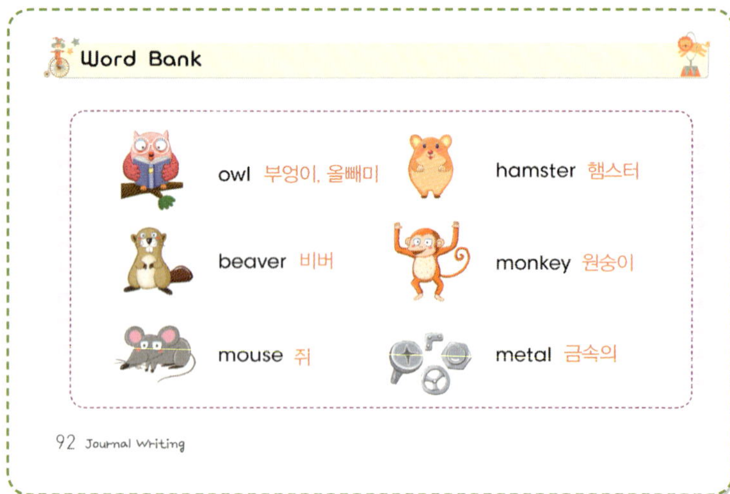

Word Bank

owl 부엉이, 올빼미   hamster 햄스터

beaver 비버   monkey 원숭이

mouse 쥐   metal 금속의

92 Journal Writing

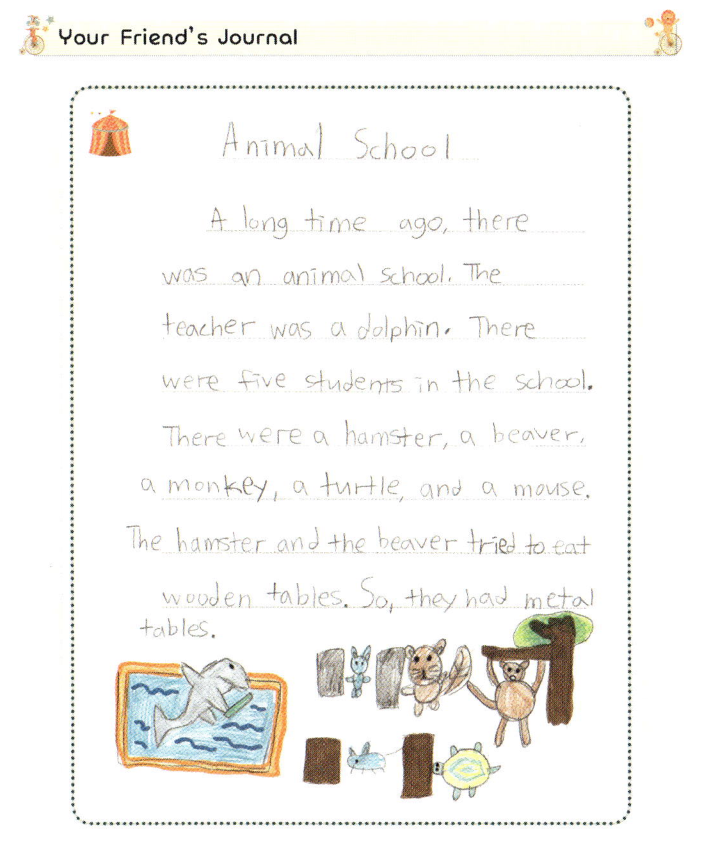

try to ~
"하려고 하다"

try는 '노력하다' 혹은 '~하려고 시도하다'의 뜻으로 쓰입니다. 엄마가 무언가를 빨리 하라고 재촉할 때 "Mommy, I'm trying." 이라고 대답하면 "엄마, 지금 하고 있잖아요."의 뜻이 되는 것이죠. 단어 끝에 y가 오기 때문에 시제에 따라 변하는 모습이 좀 까다로운데요, 과거형의 경우 y를 i로 바꾸고 –ed를 붙여 tried라고 합니다. 삼인칭의 s를 붙일 때도 마찬가지 규칙을 적용하여 tries라고 하면 되지요.

동물학교에서 벌어지는 엉뚱한 이야기들을 try를 이용해 표현해보세요. "선생님, 사자가 얼룩말을 잡아먹으려고 해요(Lion is trying to eat Zebra)."

Animal School

A long time ago there was an animal school.
옛날에 동물학교가 있었어요.

The teacher was a dolphin. 선생님은 돌고래였지요.

There were five students in the school.
학교에는 학생 다섯 있었어요.

There were a hamster, a beaver, a monkey, a turtle, and a mouse.
햄스터와 비버, 원숭이, 거북이, 쥐가 있었죠.

The hamster and the beaver tried to eat wooden tables. So, they had metal tables.
햄스터와 비버가 나무 탁자를 먹으려고 해서, 금속으로 된 탁자를 두었어요.

Topic 23: Insect War

여기에서 제시되는 다양하고 재미있는 쓸
거리는 꼭 공부가 아니어도 친구들끼리
놀이 삼아 해볼 수 있을 만큼 좋은 주제들
입니다.

'곤충 전쟁'은 작은 곤충들의 세상에서 싸
움이 난다면 어떨까 상상하고 이야기를
만들어보는 소재입니다. 초등 저학년은
한창 전쟁이나 전투 놀이 등에 관심을 보
이는 때이기 때문에 이를 작은 곤충들의
세계로 옮겨 아이가 폭력적이고 잔인하지
않게 이야기를 꾸며보는 것에 의미가 있
습니다.

Do you like insects? What would happen if they fought each other. Write a fun story about insects.

곤충들을 좋아해요? 만약에 곤충들이 서로 싸운다면 어떤 일이 벌어질까요? 곤충들
에 대해 재미있는 이야기를 써보세요.

Word Bank

insect(s) 곤충

wasp 말벌

mantis 사마귀

greedy 욕심 많은

fight(fought)
싸우다(과거형: fought)

bumblebee 꿀벌

96 Journal Writing

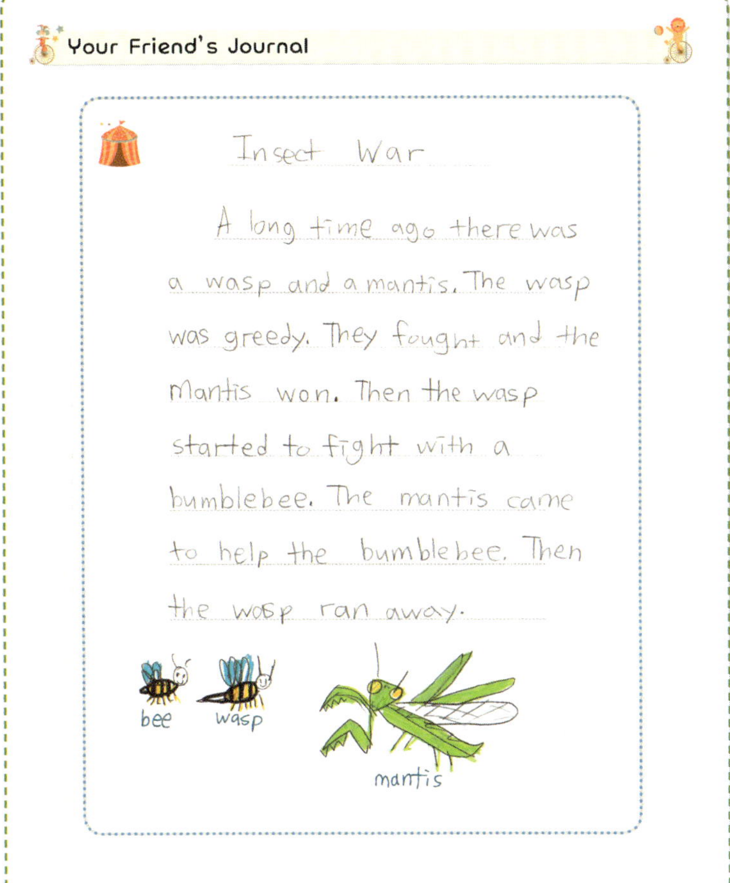

fight with ~
"~와 싸우다"

fight은 '싸우다'라는 뜻으로 뒤에 with 를 붙이고 대상을 써주면 누구누구와 싸 운다는 뜻이 됩니다. 과거형은 불규칙 변 화하기 때문에 fought으로 완전히 다른 모양이 되어 아이들이 외우기 힘들어하기 도 합니다. 하지만 이번 기회에 이렇게 불 규칙 변화하는 동사들을 몇 개 가르쳐주 며 동사의 시제 변화를 소개해주어도 좋 습니다. 친숙한 단어부터 시작하면 부담 감도 덜게 되니까요.

I buy. – I bought. (사다 – 샀다)
I think. – I thought. (생각하다 – 생각 했다)
I catch. – I caught. (잡다 – 잡았다)

Insect War

A long time ago there was a wasp and a mantis.
옛날에 말벌과 사마귀가 살았어요.

The wasp was greedy. 말벌은 욕심이 많았어요.

They fought and the mantis won. 그들은 싸웠고 사마귀가 이겼어요.

Then the wasp started to fight with a bumblebee.
그러자 말벌은 꿀벌과 싸우기 시작했어요.

The mantis came to help the bumblebee. 사마귀가 꿀벌을 도와주러 왔어요.

Then the wasp ran away. 그러자 말벌이 도망갔어요.

내 외계인을 만나보세요

여기에서 제시되는 다양하고 재미있는 쓸 거리는 꼭 공부가 아니어도 친구들끼리 놀이 삼아 해볼 수 있을 만큼 좋은 주제들 입니다.

'내 외계인을 만나보세요'는 아이들 상상 력의 정수를 만나볼 수 있는 주제로, 무엇 이든 무한대로 상상할 수 있기 때문에 쓰 기에도 재미있고 읽기에도 재미있습니다.

작문 샘플처럼 자기가 상상하는 외계인에 대해 마음껏 적어보고 친구나 동생과 바 꾸어 읽어보세요.

Do you think there are aliens in the universe? What would they look like? Describe your alien.

우주에 외계인들이 살고 있다고 생각하나요? 외계인들은 어떻게 생겼을까요? 외계 인을 묘사해 보세요.

Word Bank

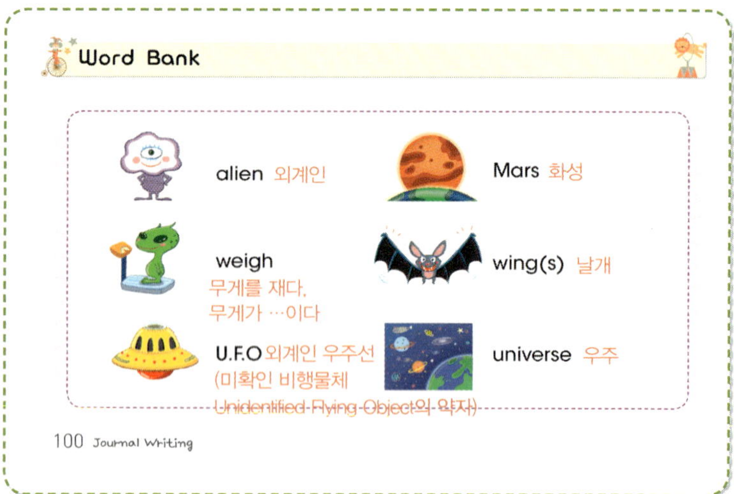

alien 외계인

Mars 화성

weigh
무게를 재다,
무게가 …이다

wing(s) 날개

U.F.O 외계인 우주선
(미확인 비행물체
Unidentified Flying Object의 약자)

universe 우주

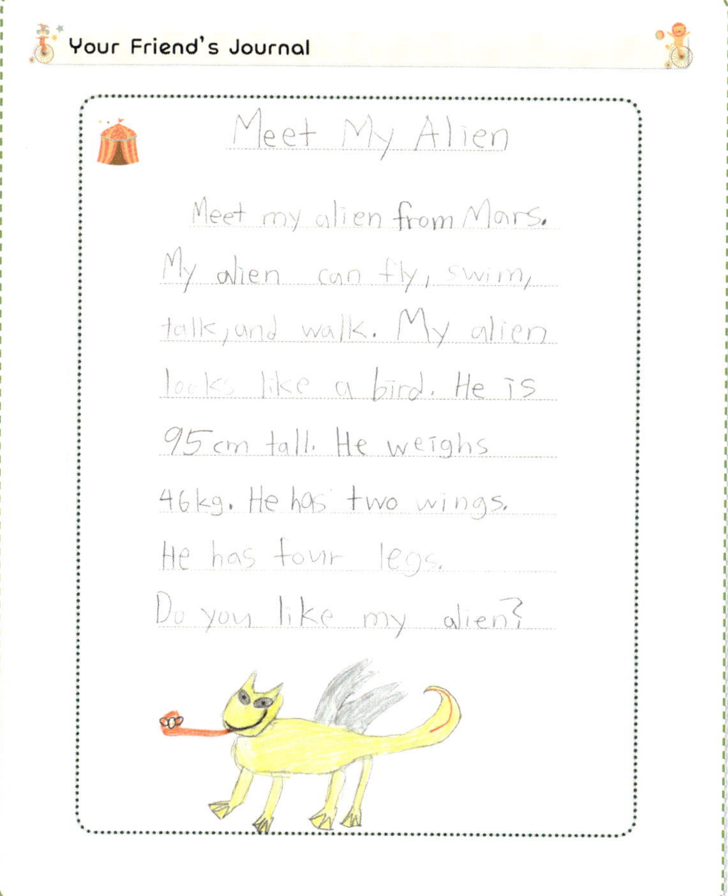

look like ~
"~처럼 보이다"

look은 '보다'라는 뜻으로 뒤에 like를 붙여 look like가 되면 '~처럼 보이다'라는 뜻이 됩니다. 아이들은 명확하거나 단정적으로 묘사하는 데 서툴기 때문에 이 표현을 알려주면 아주 유용하게 자주 사용할 수 있습니다. 작문 샘플의 My alien looks like a bird(내 외계인은 새처럼 생겼어요).를 활용하여, My alien looks like a dinosaur(내 외계인은 공룡처럼 생겼어요).라고 해도 좋고, 아예 새로운 문장으로 My brother looks like a squirrel(내 동생은 다람쥐처럼 생겼어요).처럼 주변 인물들을 묘사해보아도 재미있습니다.

Meet My Alien

Meet my alien from Mars. 화성에서 온 저의 외계인을 만나보세요.

My alien can fly, swim, talk and walk. 제 외계인은 날 수 있고, 헤엄칠 수도 있고, 말도 하고, 걸을 수도 있어요.

My alien looks like a bird. 제 외계인은 새처럼 생겼어요.

He is 95cm tall. 키가 95cm예요

He weighs 46kg. 몸무게는 46kg이에요.

He has two wings. 두 날개를 가졌어요.

He has four legs. 다리는 네 개예요.

Do you like my alien? 제 외계인이 마음에 드세요?

Chapter 1: My day

Topic 1 On Rainy Days

On rainy days, I wear a rain coat.

My coat is yellow, black, and white.

I got it from my friend.

I like puddles because I can splash my mom and dad.

On Mondays and Fridays, I go to swimming lessons.

On Tuesdays and Thursdays, I go to English classes.

English classes are fun.

But swimming lessons are more fun.

I have pet turtles.

They are Red Belly Turtles.

One is small.

The other one is big.

The big one eats a lot.

The small one eats a little.

I like to play with them.

 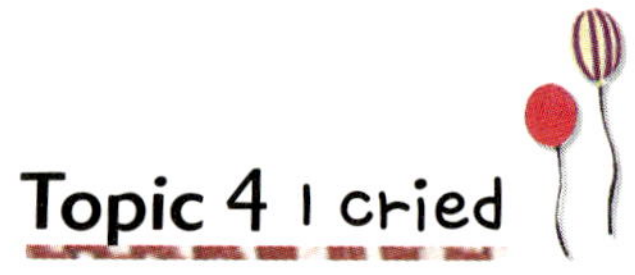

Last time I cried was two hours ago.

I had to do a book report.

I cried because I had to read a long, long book.

Usually I cry when I write journals.

It is so hard.

I went to the beach.

I caught many crabs and hermit crabs.

It was fun.

Small crabs are weak.

So I can catch them with my hands.

Topic 6 My Favorite Animal

My favorite animal is a dolphin.

It is gray.

It lives in water.

I like this animal because it is smart.

Dolphins eat fish and other things.

Dolphins are very smart.

They can play with people.

I like to read comic books.

My favorite comic book series is "Why?"

I like it because it is fun and I can learn science.

I like the book "Invention" the most.

My favorite place is Jeju Island.

I can swim in the ocean.

I can swim in the swimming pool.

I can also see many bugs.

The most fun thing is riding in an airplane.

My favorite game is Angry Bird.

It is a phone game.

There are 7 kinds of birds.

The birds kill some green pigs.

Some birds are fast and some have bombs.

Angry Bird is very fun.

My favorite toy is Lego.

Playing with Legos is fun because I can make something with them.

I like small Legos more than big Legos.

I like Star Wars Legos the most.

Topic 11　I Get Mad When ~

I get mad when my friend breaks my Legos.

I also get mad when my mom says, "Do your homework," and "Stop playing!"

I didn't go to school last week because I had the flu.

I threw up two times.

I had a fever.

I had a bad cough.

I had to take some medicine.

When I was sick at home, I missed my friends.

I was happy when I bought a robot.

The robot was yellow.

The robot can change into a car too.

The robot also has a sword, a gun, and a mask.

I love the robot.

Dear Mom, Thank you for making delicious food.

I am happy when you make zucchini pancakes.

Thank you for reading books and telling me stories.

Thank you for playing with me.

I love you, mom.

Love, Joon

 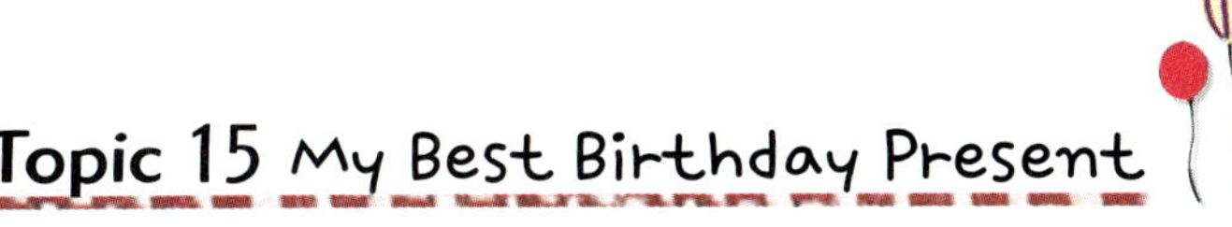

My best birthday present was a toy car.

I always play with it.

My friend's mother gave it to me.

It is blue.

I love it.

Topic 16 If I Were a Teacher, I would

If I were a teacher, I would give a lot of playtime.

Students would play games and learn math and English.

They would be happy.

Then they would study hard.

If I found a treasure box, I would sell the gold in it.

I would buy a large house and a great car.

I would make diamonds rings and give them to my mommy.

I would make a necklace too.

If I could go anywhere, I would go to Egypt.

I want to see the pyramids.

I want to know how big they are.

I want to climb them.

If I could be an animal, I would be a little bird.

I would eat bad insects.

Also, for fun, I would poo on people's heads.

I would fly and play.

When I grow up, I want to be a scientist.

I want to discover new things.

I will make toy robots and cellphones.

I will do experiments to make bullets.

Topic 21 Writing Riddles

What is it?

It is a thing.

There are many shapes and sizes.

There are many different colors.

You can write with it.

If you push the top of this thing, something comes out from the bottom part.

Answer: a mechanical pencil

A long time ago, there was an animal school.

The teacher was a dolphin.

There were five students in the school.

There were a hamster, a beaver, a monkey, a turtle, and a mouse.

The hamster and the beaver tried to eat their wooden tables.

So, they had metal tables.

A long time ago, there was a wasp and a mantis.

The wasp was greedy.

They fought and the mantis won.

Then the wasp started to fight with a bumblebee.

The mantis came to help the bumblebee.

Then the wasp ran away.

Meet my alien from Mars.

My alien can fly, swim, talk, and walk.

My alien looks like a bird.

He is 95cm tall.

He weighs 19.5kg.

He has two wings.

He has four legs.

Do you like my alien?

Parent's &Teacher's
Guide